化解冲突

Untangling Conflict
An Introspective Guide for Families in Business

家族企业好好存在的四大行动方案

［印］詹美贾亚·辛哈（Janmejaya Sinha）
［中］廖天舒
［日］木村亮示（Ryoji Kimura）　著
［美］布兰特妮·蒙哥马利（Brittany Montgomery）

文苑　译

中信出版集团 | 北京

图书在版编目（CIP）数据

化解冲突：家族企业好好存在的四大行动方案 /（印）詹美贾亚·辛哈等著；文苑译 . -- 北京：中信出版社，2023.6
书名原文：Untangling Conflict : An Introspective Guide for Families in Business
ISBN 978-7-5217-5705-7

Ⅰ. ①化… Ⅱ. ①詹… ②文… Ⅲ. ①家族 – 私营企业 – 企业管理 Ⅳ. ① F276.5

中国国家版本馆 CIP 数据核字（2023）第 080576 号

Untangling Conflict : An Introspective Guide for Families in Business
by Janmejaya Sinha, Carol Liao, Ryoji Kimura, Brittany Montgomery
Original work copyright © 2022 The Boston Consulting Group, Inc.
Published by agreement with Penguin Random House India
This translation is published by arrangement with The Boston Consulting Group, Inc.
Simplified Chinese translation copyright © 2023 by CITIC Press Corporation
ALL RIGHTS RESERVED
本书仅限中国大陆地区发行销售

化解冲突：家族企业好好存在的四大行动方案

著者：　　［印］詹美贾亚·辛哈　［中］廖天舒　［日］木村亮示
　　　　　［美］布兰特妮·蒙哥马利
译者：　　文苑
出版发行：中信出版集团股份有限公司
　　　　　（北京市朝阳区东三环北路 27 号嘉铭中心　邮编 100020）
承印者：　北京诚信伟业印刷有限公司

开本：880mm×1230mm　1/32　印张：8　字数：147 千字
版次：2023 年 6 月第 1 版　印次：2023 年 6 月第 1 次印刷
书号：ISBN 978-7-5217-5705-7
定价：69.00 元

版权所有·侵权必究
如有印刷、装订问题，本公司负责调换。
服务热线：400-600-8099
投稿邮箱：author@citicpub.com

对于本书的盛赞

在日常经营中,家族和企业会面临许多挑战,甚至可能会分崩离析。《化解冲突:家族企业好好存在的四大行动方案》直指这些问题的核心,帮助家族问出正确的问题、定制专属解决方案,量体裁衣,使其能如虎添翼。

——陈哲(N Chandrasekaran)
印度塔塔之子有限公司董事长

参与企业经营的家族,一般都会花很多时间来管理企业,而花在管理家族和企业之间的关系上的时间就少了很多。长此以往,家族成员在价值观和期望上难免会产生分歧,继而在家族和企业中引发冲突、分裂,造成不良影响。詹美贾亚·辛哈(Janmejaya Sinha)与《化解冲突:家族企业好好存在的四大行动方案》的其他作者很好地阐明了家族企业必须处理的硬性问题和软性问题,并在一系列缜密研究后，找到了解决问题、规避冲突的答案和工具。任何与家族企业或家族办公室有交集的人，无论是直接参与运营的管理人员、董事会成员，还是家族的一分子，都应该读一读这本书。

——法哈德·福布斯（Farhad Forbes）
印度福布斯·马歇尔公司联合主席、国际家族企业协会主席

《化解冲突：家族企业好好存在的四大行动方案》以一种新颖的方式将商业型家族的难处娓娓道来。这本书没有聚焦见不得人的家族恩怨，而是虚构了一个家族来强调可能出现冲突的领域，以及化解冲突的办法。这本书读起来轻松有趣，却也能让你在阅读中时时自省。

——贾姆希德·戈德瑞吉（Jamshyd Godrej）
印度戈德瑞吉和博伊斯制造有限公司董事长

作为家族企业的一员，我有幸很早就接触了一些基于价值观的原则，并切身体会到这些原则对防范和解决家族企业冲突的帮助。这是一个复杂的课题，需要结合成文的章程、价值观、信仰、领导力，以及最重要的、基础性的、永远不得违背的"拉克什曼之线"（印度俗语，指的是不可逾越的道德规范）来理解。这个世界在不断向前发展，你创建的系统只有经得起时间的考验，才能世代相传。想做到这一点光靠准则可不够，管理好情感、自我、传统同样重要。《化解冲突：家族企业好好存在的四大行动方案》

糅合了多个家族几代人的经验成果,在这些家族里有的冲突不断,有的关系和睦,这本书给出了精确而深刻的见解。詹美贾亚有独特的机会,能站在有利的位置,观察这些家族的恩怨情仇,从而整理出一套对家族企业来说价值连城的、有建设性的办法。谈到家族企业中的冲突,"防患于未然"这句话永不过时,这本出色的书包含你需要的所有重要建议。

——哈什·戈恩卡(Harsh Goenka)

印度 RPG 集团董事长

这是一本让人爱不释手的入门级读物,用"四大象限"分析了潜在的家族冲突:情感冲突、物质冲突、结构冲突和外部关系冲突。《化解冲突:家族企业好好存在的四大行动方案》中充分的案例研究让它读起来像本故事书,令人不忍释卷。除此之外,这本书还附有一系列待办清单和思考类问题,这对面临冲突问题的家族来说非常有用。这本书巨细无遗,是一本难得的佳作。

——KV 卡马特(KV Kamath)

印度国家基础设施融资与发展银行董事长

家族企业中难免会有冲突,解决冲突需要冷静与理性。《化解冲突:家族企业好好存在的四大行动方案》深入探讨了如何分析冲突的根源,准备好过渡期应对机制,并规划未来发展。作者敏锐地捕捉到了涉及家族企业解决冲突的各个层面,其见解如手术刀般精准。书中有许多精彩的内容,比如诊断冲突的关键诱因。

这是一本所有家族企业领导者的必读之作。

——尼莫斯·坎帕尼（Nimesh Kampani）

印度 JM 金融集团董事长

《化解冲突：家族企业好好存在的四大行动方案》剖析了商业型家族和冲突问题，这深深地引起了我的共鸣。我家就是一个大家族，无论是在家里还是在企业里，大家都很团结。有时候，西方的市场模式和当下的监管模式与家族系统的精神是背道而驰的。

"化解冲突"这个词用得很对。《化解冲突：家族企业好好存在的四大行动方案》探讨了因情感和期望不一致而引发的问题，这是冲突的动因，同时描述了如何解决这些问题。目前，印度市场上的家族企业正逐渐减少，不过对于非上市公司而言，家族模式还是占据着主导地位。印度的治理理念也要求我们采取更加细致的手段，不要盲目模仿西方，而是要尊重甘地的托管制原则。

——乌代·科塔克（Uday Kotak）

印度科塔克银行 CEO 兼总经理

我那时候拿到了特许经营权，准备在印度建立一家投资银行，所以需要和很多家族企业打交道。我和我弟弟一个喜欢金融，一个喜欢工业，我俩各奔前程，但关系还是很好，依旧和睦，会在必要时相互扶持。之后，我卖掉了这家投资银行，成立了一家资产管理公司，这样我就可以为家族和我的事业独立做决策了。我认为家族办公室做商业决策要趁早，或者看情况提前制订继承方案，以避免未来的冲突。同时，要想建立一家值得信赖的企业，家族文化与家族名誉非常重要。所以说早该有这样一本书，能帮助所有家族解决企业中和家族有关的问题。我强烈推荐《化解冲突：家族企业好好存在的四大行动方案》。

——赫门德拉·科塔里（Hemendra Kothari）

印度DSP投资管理公司董事长

有些问题会让家族和企业分崩离析，而《化解冲突：家族企业好好存在的四大行动方案》直击问题的要害，它正是商业型家族急需的补充性资源，让其可以问出正确的问题，并根据自身情况制订解决方案。

——阿洛克·洛希亚（Aloke Lohia）

泰国银都拉玛集团CEO兼副董事长

《化解冲突：家族企业好好存在的四大行动方案》一书讲的不只是家族治理和企业治理。家族中还有一些更加"软性"的问题，它们或是已经浮现，或是仅被察觉，这本书为解决这些问题提供了宝贵的见解——我们可以在反思与反省中增进对家族和企业的了解，这是我们在寻觅解决方案时经常忽略的。作者认为，要立百年之业，家族和企业内部需要有完善的价值观、信任感和透明度，这一点十分重要。尤其是当今世界瞬息万变，每一天都有新的机遇，只有打破旧的商业模式，家族企业才能破茧而出。

不过，想要抓住机遇，为我所用，治理的基本要素是不变的。

如此一来，当个人实现抱负时，家族也会振兴，而家族传承及其给企业、社会做出的贡献也能得到尊重，并成为一种责任，代代相传。这本书以一种全球视野看待解决冲突的问题，因此对于世界各国具有不同文化背景的商业型家族来说，这本书都是一本必读指南。

——MM 穆鲁卡班（MM Murugappan）

印度 Carborundum Universal 有限公司董事长、

卓拉曼达拉姆—三井住友一般保险公司董事长

我曾仔细研究过家族企业这个课题。在我看来，企业价值观的背后其实就是家族价值观。所以如果家族成员起了争执，那么家族企业也难逃池鱼之殃。

《化解冲突：家族企业好好存在的四大行动方案》写得正是时候。正如作者所指出的那样，不同于职场，想要"退出"家族几乎不可能，所以我们迫切需要防患于未然。但是当野心膨胀、自尊心受挫、代际更迭全缠在一起时，冲突就会慢慢"沸腾"，直至爆发。

这本书从零开始，详细研究了滋生冲突的沃土，"软性"也好，"硬性"也罢。它还借鉴了世界各国的数据、学习成果和经验，形成了一套饶有趣味的叙事模式，既令人耳目一新，又叫人大开眼界。作者以高超的技巧，来回跳跃于感性的家族世界和理性的企业世界，并为读者提供了合理可行的解决冲突的路径。时局动荡，适时佳作。

——苏尼尔·康德·芒贾尔（Sunil Kant Munjal）

印度英雄集团董事长

关于家族企业中的冲突，《化解冲突：家族企业好好存在的四大行动方案》可以说是迄今为止最发人深省的几本书之一，由BCG（波士顿咨询公司）的四位优秀人才精心撰写而成，因其洞见深刻，脱颖而出。作者认为，解决冲突没有放之四海而皆准的办法，并在与多家家族企业深入联系后，以清晰的笔锋描写出家族企业遇到的重重考验与磨难，指导家族在自省与自我实现中问出正确的问题，找出最佳解决方案。这与许多家族企业的咨询顾问惯用的强制性、规定性方法大不相同。任何想要学习如何使用正确的工具来解决冲突的人，都应该读一读这本书。

——迪帕克·帕雷克（Deepak Parekh）

印度HDFC公司董事长

在全球范围内，目前已经有许多关于家族企业的学术研究成果，也有很多传记记录了一些家族的发展轨迹。家族发展的轨迹不仅塑造了家族本身，还塑造了其对经济的影响力。《化解冲突：家族企业好好存在的四大行动方案》之所以能脱颖而出，是因为它是一本指南，而非规范或指导手册。家族十分复杂，企业也一样，两者合二为一会产生乘数效应。控制住此般情形是一门艺术、一门科学，但最重要的是每个家族的情况都是独一无二的。让读者感到欣慰的是，只要家族成员下定决心找出和平解决冲突的方法，看似棘手的问题就能迎刃而解。无论是家族成员还是企业职员，都应该读一读这本书，因为书中的场景是我们可以与之共情的，也能让我们学到很多东西。

作为一名六代传承的家族企业家，我和很多国内外的家族企业论坛都有联系，也见证了许多家族企业的兴衰起伏。就个人而言，过去40年我都在不断学习，而这本书也为我的学习增添了新的内容。

我想对四位作者表达诚挚的敬意，感谢他们对关乎我们这么多人的课题做出深刻而现实的洞察。

——阿杰伊·S. 施里拉姆（Ajay S. Shriram）

印度DCM施里拉姆集团董事长兼总经理

对于满怀抱负，并想要带领家族企业更上一层楼的下一代家族成员来说，《化解冲突：家族企业好好存在的四大行动方案》就是宝藏。作者十分清楚你当下的困境，并且会通过提问让你重新审视自己的预设，让你意识到的确应该对现状感到不适。

——S. 维拉严（S. Vellayan）

印度Cholamandalam投资金融公司董事长、

Tube投资有限公司副董事长

目 录

序言 　　　　　　　　　　　　　　　　　　　XIX
前言　国际化背景下的家族企业　　　　　　　　XXIII

第一章
家族企业与冲突　　　　　　　　　　　　　001

家族企业的复杂性　　　　　　　　　　　　　006
研究来源与研究方法　　　　　　　　　　　　009
谁该读一读本书　　　　　　　　　　　　　　010
定义家族企业中的冲突　　　　　　　　　　　012
谁会卷入冲突　　　　　　　　　　　　　　　016
你能从书中学到什么　　　　　　　　　　　　017

第二章
明察秋毫：认识你的家族与企业　　　　　　023

认识家族　　　　　　　　　　　　　　　　　024
认识企业以及家族与企业的关系　　　　　　　043

第三章
情感冲突：软性问题   061

定义软性问题   063
软性规则与违反软性规则   067
防范冲突   074
应对与解决冲突   091

第四章
所有权引发冲突：硬性问题与关键选择   101

定义硬性问题   103
防范冲突：阐明家族的关键选择   105

第五章
所有权引发冲突：硬性问题与治理   143

规避冲突：家族与企业交互时所需的治理结构   144
应对冲突与化解冲突   152
正式阐明并制定家族规范   155

第六章
关于战略的争吵：商业问题   163

家族在商业问题上达成一致   165
从家族视角看企业治理   169

第七章
统一期望：合作伙伴与家族企业员工   173

家族与非家族成员的员工的关系	175
在家族企业里工作，非家族成员的员工应该了解的事情	184
外部合作伙伴和投资者注意事项	192

第八章
实践中避免和减少冲突　　　　　　　　　　　　　　199

家族和企业诊断以了解冲突	201
理解、避免和减少家族企业中的冲突	202
付诸实践	208

致谢	**213**
方法论说明：前言中家族企业的分析	**219**

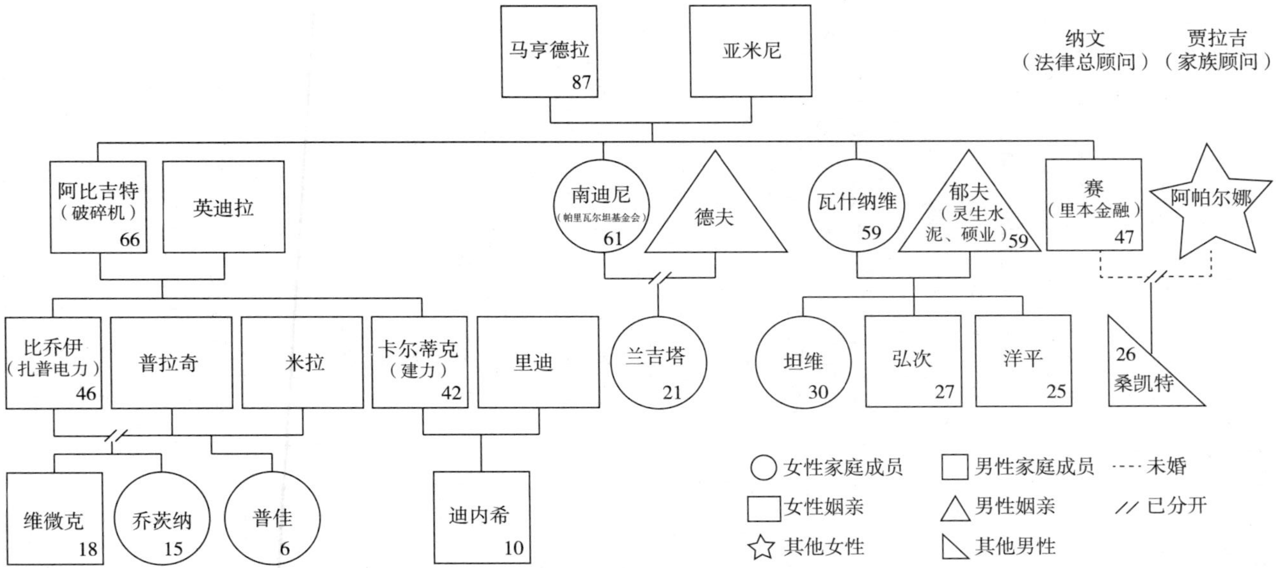

斯里瓦斯塔瓦家族①树（含血亲成员年龄标注）

注：
- ○ 女性家庭成员
- □ 男性家庭成员
- △ 男性姻亲
- ○ 女性姻亲（圆形）
- □ 其他男性（方形）
- ☆ 其他女性
- ---- 未婚
- // 已分开

主要成员：
- 马亨德拉 87
- 亚米尼
- 南迪尼 61（帕里瓦尔基金会）
- 德夫
- 兰吉塔 21
- 瓦什纳维 59
- 郁夫（灵生水泥、硕业）59
- 赛（里本金融）47
- 阿帕尔娜（★）
- 26 桑凯特
- 纳文（法律总顾问）
- 贾拉吉（家族顾问）
- 洋平 25
- 弘次 27
- 坦维 30
- 里迪
- 迪内希 10
- 卡尔蒂克（建力）42
- 米拉
- 普拉奇
- 普佳 6
- 英迪拉
- 阿比吉特（破碎机）66
- 比乔伊（扎靠电力）46
- 乔茨纳 15
- 维微克 18

① 斯里瓦斯塔瓦家族是作者虚构的一个家族，其目的是便于读者者理解综复杂的家族成员之间的关系。

斯里瓦斯塔瓦家族中的关键角色

名字	年龄（岁）	世代	简介
马亨德拉	87	第一代	斯里瓦斯塔瓦集团创始人、董事长。87岁高龄突然离世，生前未立遗嘱
阿比吉特	66	第二代	马亨德拉的长子。破碎机公司董事长兼CEO，扎普电力公司与里本金融公司董事长，兼任其他家族企业董事。印度理工学院工程学学士
南迪尼	61	第二代	马亨德拉的第二个孩子。帕里瓦尔坦基金会（斯里瓦斯塔瓦集团旗下的慈善机构）主席。强烈谴责自家企业对社会和环境造成的伤害。早婚，现与丈夫德夫分居。哥伦比亚大学硕士
瓦什纳维	59	第二代	马亨德拉的第三个孩子。印度理工学院土木工程教授，加州大学伯克利分校博士。发明了新型水泥配方，并在家族企业灵生水泥公司中将其投入使用。已婚，丈夫为郁夫
郁夫	59	第二代	日本籍，瓦什纳维的丈夫，马亨德拉的女婿，位同养子。灵生水泥公司董事长兼CEO，硕业公司董事长兼CEO，建力公司董事长，兼任其他家族企业董事。斯坦福大学工商管理硕士
赛	47	第二代	马亨德拉的小儿子。里本金融公司CEO。酗酒，未婚生子，曾供职于高盛集团与J.P.摩根
比乔伊	46	第三代	阿比吉特的长子。扎普电力公司CEO。麻省理工学院工程学硕士
卡尔蒂克	42	第三代	阿比吉特的次子。建力公司高级副总裁。印度理工学院工程学硕士
纳文	55	—	法律总顾问，为斯里瓦斯塔瓦家族提供服务逾30年
贾拉吉	63	—	家族顾问，与斯里瓦斯塔瓦家族相识近10年

斯里瓦斯塔瓦集团旗下各公司与机构

公司或机构名称	创始年份	董事长	CEO	简介
破碎机公司	1959年	阿比吉特	阿比吉特	石灰石集料与煤炭开采公司
灵生水泥公司	1982年	郁夫	郁夫	特种水泥制造公司
硕业公司	1998年	郁夫	郁夫	混凝土制造商,破碎机公司与灵生水泥公司纵向一体化的伞形公司
扎普电力公司	1994年	阿比吉特	比乔伊	火力发电公司
建力公司	2003年	郁夫	维克拉姆（职业CEO）	基建公司,专注于高速公路建设
里本金融公司	2000年	阿比吉特	赛	非银行金融公司,专注于地产开发
帕里瓦尔坦基金会	1988年	南迪尼	南迪尼	斯里瓦斯塔瓦家族的慈善基金会,专注于环保和为弱势群体寻求社会正义

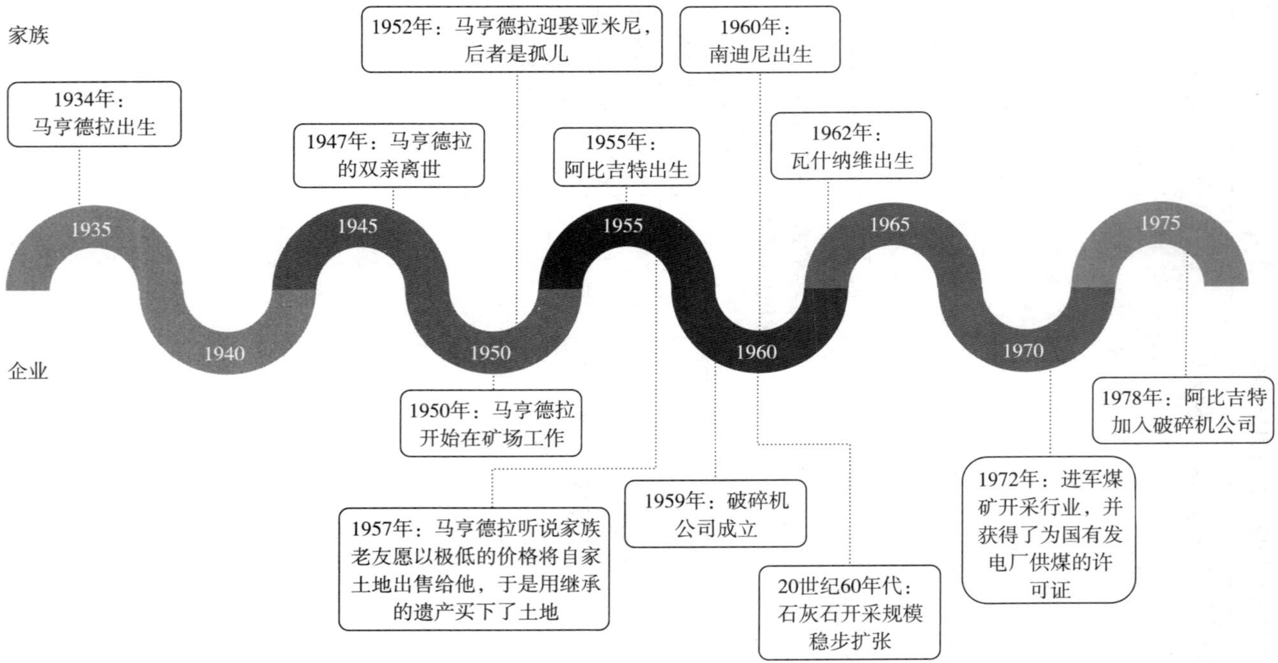

家族

- 1934年：马亨德拉出生
- 1947年：马亨德拉的双亲离世
- 1952年：马亨德拉迎娶亚米尼，后者是孤儿
- 1955年：阿比吉特出生
- 1960年：南迪尼出生
- 1962年：瓦什纳维出生

企业

- 1950年：马亨德拉开始在矿场工作
- 1957年：马亨德拉听说家族老友愿以极低的价格将自家土地出售给他，于是用继承的遗产买下了土地
- 1959年：破碎机公司成立
- 20世纪60年代：石灰石开采规模稳步扩张
- 1972年：进军煤矿开采行业，并获得了为国有发电厂供煤的许可证
- 1978年：阿比吉特加入破碎机公司

斯里瓦斯塔瓦家族与企业里程碑：1934—1979年

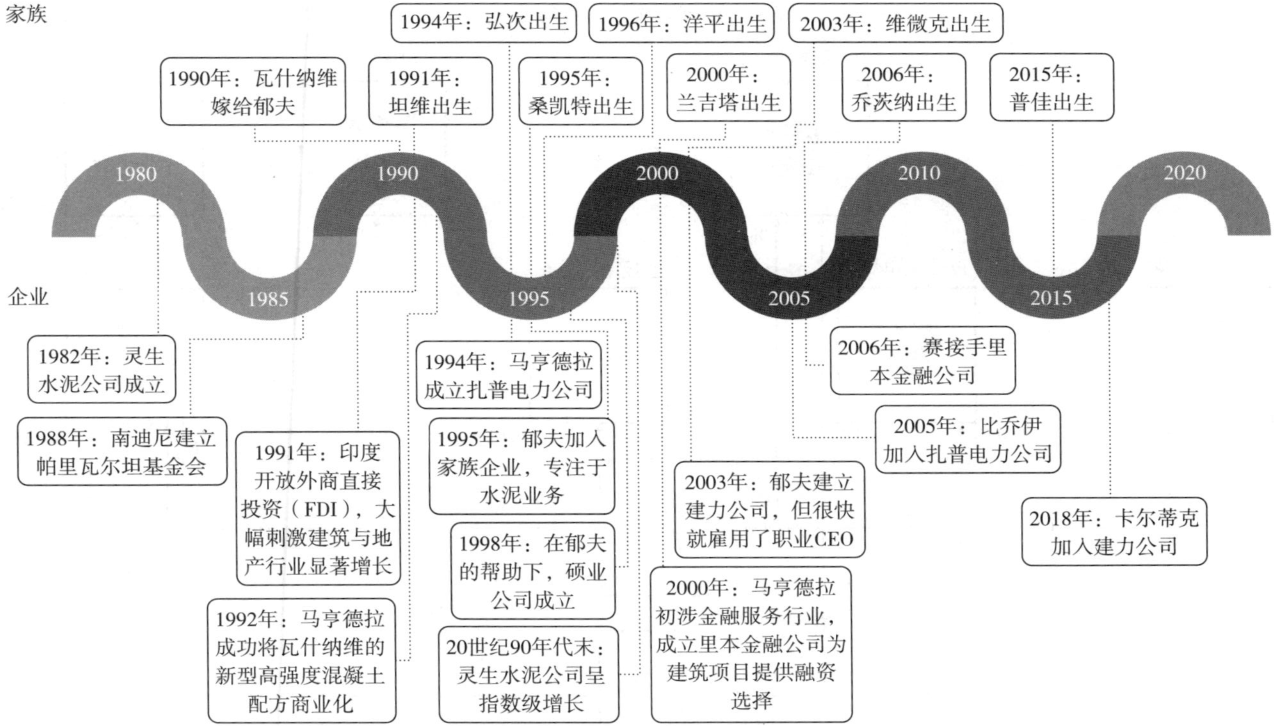

斯里瓦斯塔瓦家族与企业里程碑：1980 年至今

家族

- 1990年：瓦什纳维嫁给郁夫
- 1991年：坦维出生
- 1994年：弘次出生
- 1995年：桑凯特出生
- 1996年：洋平出生
- 2000年：兰吉塔出生
- 2003年：维微克出生
- 2006年：乔茨纳出生
- 2015年：普佳出生

企业

- 1982年：灵生水泥公司成立
- 1988年：南迪尼建立帕里瓦尔坦基金会
- 1991年：印度开放外商直接投资（FDI），大幅刺激建筑与地产行业显著增长
- 1992年：马亨德拉成功将瓦什纳维的新型高强度混凝土配方商业化
- 1994年：马亨德拉成立扎普电力公司
- 1995年：郁夫加入家族企业，专注于水泥业务
- 1998年：在郁夫的帮助下，硕业公司成立
- 20世纪90年代末：灵生水泥公司呈指数级增长
- 2000年：马亨德拉初涉金融服务行业，成立里本金融公司为建筑项目提供融资选择
- 2003年：郁夫建立建力公司，但很快就雇用了职业CEO
- 2005年：比乔伊加入扎普电力公司
- 2006年：赛接手里本金融公司
- 2018年：卡尔斯蒂克加入建力公司

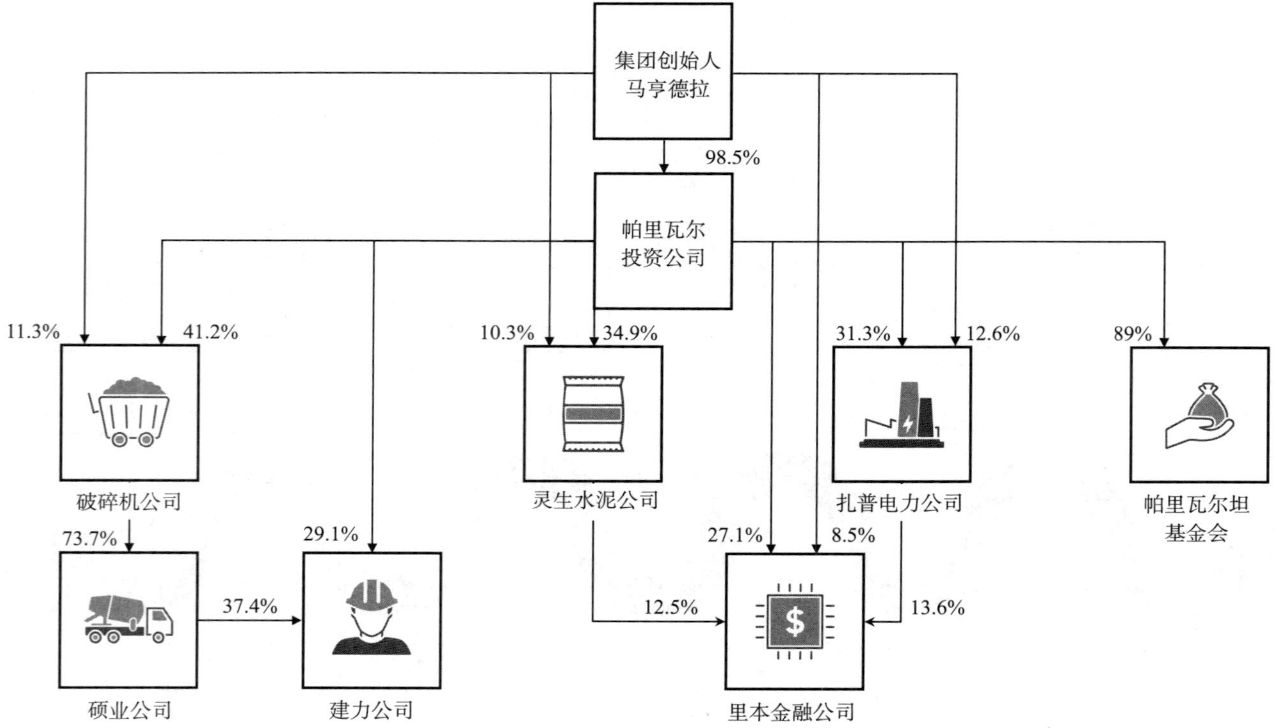

斯里瓦斯塔瓦集团股权分布图

- 集团创始人马亨德拉 → 帕里瓦尔投资公司：98.5%
- 帕里瓦尔投资公司 → 帕里瓦尔斯坦基金会：89%
- 帕里瓦尔投资公司 → 扎普电力公司：12.6%
- 集团创始人马亨德拉 → 扎普电力公司：31.3%
- 扎普电力公司 → 里本金融公司：13.6%
- 集团创始人马亨德拉 → 里本金融公司：8.5%
- 帕里瓦尔投资公司 → 里本金融公司：27.1%
- 帕里瓦尔投资公司 → 灵生水泥公司：34.9%
- 集团创始人马亨德拉 → 灵生水泥公司：10.3%
- 灵生水泥公司 → 里本金融公司：12.5%
- 帕里瓦尔投资公司 → 建力公司：29.1%
- 集团创始人马亨德拉 → 破碎机公司：41.2%
- 集团创始人马亨德拉 → 破碎机公司：11.3%
- 硕业公司 → 破碎机公司：73.7%
- 硕业公司 → 建力公司：37.4%

序言

为什么商业型家族会陷入争斗？它们又该怎么办？《化解冲突：家族企业好好存在的四大行动方案》的作者致力于回答这一家族企业的根本问题，而这也十分有利于世界经济的发展。很多最为成功、历史悠久的企业都是家族企业。它们为工业化做出了重大贡献，时至今日还在为许多国家的发展提供动力。但同样地，商业型家族内发生过无比激烈的争执，家族关系和企业价值都遭到了破坏。

在这本书中，四位作者将困扰家族的所有权问题拆分成几个部分，每个部分都必须用不同的方式解决。首先是最基础的，也是最容易被忽略的部分——家族要认清自己。每个家族企业都是独一无二的，必须区别对待。你得思考一下，你的家族是哪种家族，始于何年，人丁几口，成员性情如何，他们各自的能力是大还是小，本领是高还是低，教育背景如何，有何雄心壮志。作者希望通过这些探究性问题，帮助家族好好评估一下自己和自家企业，而不是只给出几条一般性建议，不痛不痒。恰恰相反，他们极力想让读者深入了解这本书的内容，甚至为了增加趣味性，还虚构了一个家族，以让所有的家族企业都能从中找到自己的影子。

也许这本书最大的贡献就是，解释了商业型家族内争斗不休的一大原因——围绕感情、公平和信任所产生的问题。我们都有家人，彼此之间偶尔会争吵。嫉妒在所难免。兄弟姐妹总觉得自己受到了不公平的对待，哪怕他们的能力和投入并不相同。所以我们需要和其他家族成员进行大量的沟通，礼尚往来，互相迁就，有时可能还需要外部帮助。

然后，作者谈到了家族作为企业所有者引发的冲突。虽然股权或继承问题是我们最常在新闻里看到的问题，但其背后的深层次原因可能是先前积压的情感伤害。在讨论与家族企业相关的治理机构和规则（比如家族委员会和家族成员达成的股东协议）之后，四位作者转向了一个经常被忽视的问题——家族采取的企业运营模式。不是每个人都渴望管理公司，家族必须认识到什么时候该做出改变。如果放弃主动管理或拆分企业能保持家族和企业内部的和谐，那干脆就这么做，皆大欢喜。所有决定都需要家族领导者保持一颗谦逊的心，平和地移交权力。

四位作者强调的第三类冲突是家族内部对企业战略决策的分歧。他们尖锐地提议，要想建立一个企业治理论坛，需要未雨绸缪，赶在冲突削弱家族成员在董事会的影响力之前，解决掉这些战略问题。这对于分支众多的大型家族来说尤为重要。

最后，作者指出，有些冲突可能是家族成员和其他成员（比如非家族成员的员工与商业伙伴）的期望不匹配的结果。由于家族拥有企业，所以会长远考虑，不太关心季度表现。这跟家族请来帮忙经营企业的职业经理人的观点大相径庭。家族自以为能够吸引某类人才，殊不知自己对人才类型的期望可能落后于人才市场几十年。投资者或商业伙伴或许会觉得，与家族企业合作和给跨国公司打工没什么两样。因此，通过调整好各方预期，家族企业可以避免不必要的员工流失和合作破裂。

我很喜欢这本书，这是一部难得的佳作。任何读过此书的家族成员，都能够学会处理各种问题。我的祖父与圣雄甘地私交甚笃，作者在书中也引用了甘地的慧语："所谓和睦，并非绝无冲突，而是有能力应对冲突。"我想不出比这更好的结束语了。

拉胡尔·巴贾吉（Rahul Bajaj）
印度巴贾吉集团名誉董事长
2021 年 12 月

前言　国际化背景下的家族企业

听到"家族企业"这个词,你会想到什么?你如果来自美国,或许你眼前会浮现出旧时代的小镇大街,那里有家庭经营的冰激凌摊或五金店。你如果来自韩国,可能会想到财阀,在那里财阀手握大型企业联合体,又有政府支持,不断升级国家的产业基础。你如果来自印度,也许会想到印度独立后众多实业家的成功。在日本,你可能会看到生生不息长达几个世纪的酿酒世家或者豆腐世家。今天我们对家族企业的认识,会因为地域背景的不同而天差地别。

虽然我们对家族企业的认知有所不同,但自古以来,家族就是社会经济的一个基本组成部分。我们如果追溯英文"economy"(经济)这个词的希腊语词源,就会找到"Oikonomia"这个词,它的意思是家庭管理,或者是精心打理家族的资源。[1] 在古希腊人看来,家族需要好好管理,要有强大的领导者,以保障家族成员的福祉。贸易和手工艺都是家族导向的，其技艺代代相传。因为经济是由商业型家族驱动的，当时的哲学探讨也多涉及如何管理家族的敏感问题，但哪怕几千年过去了，这一话题对今天的家族来说依然十分重要。

在东方，家族企业的历史也差不多。从集市制度（bazaar system）到控制货物贸易和借贷，家族企业主导了当今印度的经济。到了20世纪，强大的家族企业甚至已成为印度经济的支柱。而中国家族企业的历史甚至可以追溯到2 000多年前的秦朝，家族企业控制了贸易路线、矿产资源和制造公司。[2]

家族企业与现代经济有什么关系？无论是在东方还是在西方，是在南半球还是在北半球，它们只是发展阶梯上的一级台阶，还是会在现在与未来永远保持超然的地位？

定义家族企业

在回答这些问题之前，我们先仔细想一想家族企业到底是什么。家族企业没有统一的定义，但是学术界和专业服务顾问一般都认为，家族必须是企业的最大单一所有者，同时要持有相当比例（通常要高于20%）的股权，这样的企业才算是家族企业。

家族企业规模各异，从小型的家庭个体户到大型的区域级公司，甚至国际化企业都包含在内。例如，德国的mittelstand（中小型公司）世界闻名，而绝大多数都为家族所有。一份德国标准组织（Deutsche Standards）的报告显示，这些公司只占德国公司总数的 0.02%，却撑起了德国 68% 的出口量。[3] 在美国创收最高的几家公司中，家族企业相对较少，小企业对经济的贡献也在下降，[4] 但学术界的研究人员估计，大约 3 200 万家家族企业给美国贡献了 7.7 万亿美元的 GDP（国内生产总值）。[5]

而在其他国家，创收最高的公司名单上大部分都是家族企业。我们的研究表明，在印度和韩国创收最高的 500 家企业中，大约 300 家企业是家族企业。[6] 另外，在印度尼西亚、泰国、德国和法国等国家，创收最高的 500 家企业中也至少有 20% 的家族企业。

看完了所有权标准后，我们还发现各个家族参与企业的方式有很大的不同。有的家族既拥有企业，又积极参与管理。在这些"所有者即管理者"类型的企业中，我们发现家族成员会担任高管，并进入公司董事会。还有的家族，我们称之为"积极投资者"，它们尽管不参与企业的日常运作，但还是会通过治理角色来控制企业，同时在董事会中至少安排一名家族成员，以代表家族提出所有者对战略、资本分配和管理业绩的看法。有的家族会将企业视为类似证券的投资，扮演"被动投资者"的角色，由家族办公室管理投资和分红。无论家族以上述哪种方式参与企业，都可以被视为家族企业，不过我们将重点讨论"所有者即管理者"模式和"积极投资者"模式。

在不同国家和地区，不仅企业规模各异，家族参与企业的方式也不尽相同。在澳大利亚和英国创收最高的 500 家企业中，家族企业少之又少（不到 35 家），其中只有约 50% 的家族既拥有企业，又积极管理企业。与之相反的是，在中国、印度和日本的

500强企业中,超过75%的家族企业是由家族积极管理的。政治稳定性和监管稳定性、资本市场成熟度、继承法与继承税的复杂程度、涉及家族的社会规范以及个人主义等种种因素,都会影响家族选择参与企业的方式。

家族企业百年史

我们为什么要关心家族企业,而非那些股权结构复杂的企业?家族企业在推动经济增长方面发挥着至关重要的作用。在许多主要经济体中,家族企业占比都相当高。然而,我们也观察到全球各地区之间存在着巨大差异。例如,我们发现在亚洲前六名的经济体的500强企业中,各国家族企业总营收的占比为7%~70%,其中当数韩国占比最高。[7] 德国500强企业中家族企业的营收占比也很高,约为35%,而这还不包括mittelstand,因为它们大部分都没有进入500强名单。其他研究人员注意到,家族企业在拉丁美洲和加勒比海地区也十分重要,在那里85%的企业都是家族企业,贡献了60%的GDP。[8]

在这些地区,家族企业的占比如此之高,却被掌握大量文字宣传资源和拥有巨大影响力的西方国家忽视,比如美国和英国。对于这两个国家的顶级公司而言,家族企业的数量相对较少。我们研究发现,英美的500强企业中大约只有7%的家族企业。鉴于世界各国之间存在明显差异,我们认为有必要对亚洲的家族企业进行更深入的研究。

如果只看今天创收最多的企业，我们很容易忽略家族企业在亚洲各国经济发展中所起的作用。第二次世界大战前，日本的财阀（大型家族企业联合体）在发展设备和机械生产，以及金属、化工和采矿等重工业方面发挥了重要作用。同样，韩国的财阀也在20世纪70年代和80年代奠定了国家未来经济发展的基础，涉及造船、化工生产，甚至汽车、电子和高科技领域，因此闻名遐迩。自世纪之交以来，家族企业居多的印度和印度尼西亚经济增长了五倍之多。[9]

在产业升级方面，家族企业也扮演了关键的角色，并持续贡献了相当一部分的制造业产出。研究亚洲前六名的经济体后，我们发现各国家族企业的制造业产出占比为5%~65%，其中韩国占比最高。同时，家族企业还创造并保留了数百万个工作岗位。比如在印度，我们研究发现，排名前300的家族企业雇用了超过380万名员工。[10]

家族企业可以为家族成员和他人提供就业机会，为供应商和政府创造收入来源，还可以维护周边社区的稳定，对社会生态大有裨益。这些企业若是倒台，会对经济增长造成重大影响，特别是新兴市场的家族企业。至少，负面新闻和家丑的曝光可能会劝退潜在投资者。然而，许多政府和监管机构，甚至家族本身，都不是很了解家族企业在促进繁荣、维系昌盛方面所起的重要作用。不幸的是，一小部分家族企业肆无忌惮地攫取财富、规避监管的做法，再加上苛刻的劳动条件，往往会给新兴市场的家族企业带来负面影响。它们代表不了所有的家族企业，但它们在这些国家

不同国家的 500 强企业中的家族企业的数量及营收（图不呈现因果关系）

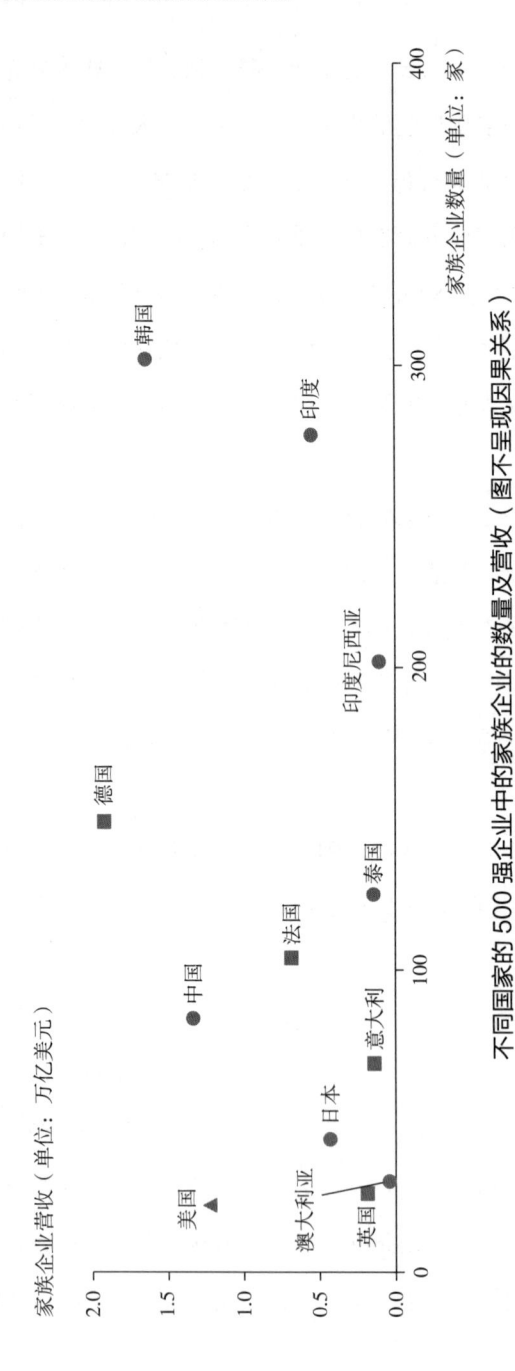

家族企业营收（单位：万亿美元）

- 美国
- 中国
- 德国
- 法国
- 日本
- 意大利
- 澳大利亚
- 英国
- 泰国
- 印度尼西亚
- 印度
- 韩国

家族企业数量（单位：家）

数据来源：作者分析（见书后"方法论说明"中的其他来源消息部分）

发挥的作用又是至关重要的。

家族企业的业绩往往没有得到应有的重视。相对于所有权更分散的同类企业，家族企业可能会被描绘成任人唯亲或思路简单的企业。但实际上，亚洲的家族企业在某些指标上远超同行业的非家族企业。以印度为例，在过去的 15 年里，创收排名前 500 的家族企业的营收增长率比非家族企业高出约 3%，股东价值增长率也高出 3% 以上。[11] 而在印度尼西亚，在过去 15 年中，家族企业的营收增长率也比非家族企业高 3% 以上。印度尼西亚、韩国和泰国的家族企业的股东价值增长率比同类型的非家族企业高出 3% ~ 5%。

这一简要的考察结果表明，家族企业在经济增长和发展中发挥着至关重要的作用，特别是在亚洲最大的几个经济体中。无论你是家族成员、监管者、潜在员工，还是家族企业未来的合作伙伴，企业的稳定性和持久性都十分符合你的利益要求。

家族企业中最重要的风险之一就是家族成员间可能出现的破坏性冲突。此前已有多部关于家族企业帝国因争斗而消亡的著作。本书探讨的是商业型家族可以怎样理解、防范和缓解冲突。

注释

1　Leshem, Dotan. "Retrospectives: What Did the Ancient Greeks Mean by Oikonomia?" *Journal of Economic Perspectives* 30, no. 1(February 1, 2016): 225–38. https://doi.org/10.1257/jep.

30.1.225.

2 See Wang, Yong, Rong Pei, and Yanhong Liu. "The Evolution of Family Business in China: An Institutional Perspective." *Int. J. of Management Practice 7*(January 1, 2014): 89–107. https://doi.org/10.1504/IJMP.2014.061472.

3 See Venohr, Bernd, Jeffrey Fear, and Alessa Witt. "Best of German Mittelstand—The World Market Leaders." Edited by Florian Langenscheidt and Bernd Venohr. *SSRN Electronic Journal*, Deutsche Standards, 2015. https://doi.org/10.2139/ssrn.2724609.

4 Kobe, Kathryn, and Richard Schwinn. "Small Business GDP, 1998-2014." U.S. Small Business Administration Office of Advocacy, December 2018. https://advocacy.sba.gov/2019/01/30/small-businesses-generate-44-percent-of-u-s-economic-activity/.

5 Pieper, Torsten, Franz Kellermanns, and Joseph Astrachan. "Family Business Economic Research | Family Enterprise USA." Washington D.C.: Family Enterprise USA, February 5, 2021. https://familyenterpriseusa.com/polling-and-research/family-business-economic-research/.

6 见"方法论说明"中家族企业统计数据计算部分。

7 见"方法论说明"中家族企业统计数据计算部分。

8 See EY. "Family Business in Latin America | Fact and Figures." EY Family Business Yearbook, 2016. https://familybusiness.ey-

vx.com/pdfs/latinamerica-facts(1).pdf.

9 See World Bank. "GDP(Current US$) | Data." World Bank Data. GDP. Washington D.C.：World Bank，2021. https://data.worldbank.org/indicator/NY.GDP.MKTP.CD.

10 见"方法论说明"中家族企业统计数据计算部分。

11 仅比较同时有家族企业与非家族企业存在的行业。不包括银行与非银行金融公司。前言中所有的比较都是针对营收榜单上前500名的公司进行的。见"方法论说明"中家族企业统计数据计算部分。

第一章
家族企业与冲突

首先,让我们来简单了解一个商业型家族,其将贯穿本书,带我们探索家族企业内的种种冲突。你可能会发现自己和这家人在很多事情上都很像,但我们保证这个家族是虚构的。

冰冷的滂沱大雨砸在一把把撑开的伞上,这种天气与斯里瓦斯塔瓦家族现在的心情倒也相配。今天举办马亨德拉·斯里瓦斯塔瓦的葬礼,马亨德拉是父亲、是祖父,也是一个小型商业帝国的缔造者,如今他的一干后辈聚在外面,却无暇耽溺于悲痛之情。摆在他们面前的是亟待解决的问题:马亨德拉突然离世,斯里瓦斯塔瓦集团将何去何从?

马亨德拉怎么会什么规划也没提前制订并留下呢?

斯里瓦斯塔瓦集团的规模并不大,但却是当代印度的一个很重要的标杆。集团有一条纵向一体化的混凝土供应链,覆盖了岩石开采、先进水泥生产、发电等各个环节,并在近30年里为印度各大迅速发展的城市提供了关键的建筑技术。最近,该家族企业进一步扩大,新成立了一家基建专营公司,以满足印度的基础设施需求，同时成立了一家非银行金融公司，专门向地产行业提供贷款服务。

和许多商业型家族一样，下一代人需要在悼念亡父的同时，解决乱成一团的所有权问题，以及家族名下的六家企业和一个慈善基金会的相关战略问题。马亨德拉的控制欲很强，为人处世又十分强硬，哪怕放权也只是让家族成员参与管理企业罢了，没人能从他的商业帝国中分得股份，在企业里上班的家族成员也只是按市场价拿工资而已。不过每位成员平时都会收到一份津贴，大概就是马亨德拉想给多少给多少，再加上一点分红，整个过程十分不透明。因此，他的四个孩子都觉得自己能分到相当一部分的公司股份。

家族内部领导权该如何分配着实让人有些头疼。马亨德拉生前并未指定由谁来接手斯里瓦斯塔瓦集团。他的遗孀亚米尼已有80岁的高龄，厌倦了家族企业内的纷乱，因此拒绝扮演一个中立的家族仲裁者去裁定子女甚至孙辈、子侄中到底谁该继承、掌控哪个家族企业。亚米尼只希望能够一个人静一静，不想被卷入孩子们的权力斗争。

家族内部流传的猜测是，长子阿比吉特将执掌集团的大权。他是马亨德拉的亲信，也是马亨德拉为自己创办的首家公司破碎机指定的领导者。阿比吉特对家族产业涉猎领域的了解，比他的三个弟弟妹妹加起来还要多。虽然弟弟妹妹们和家族企业的其他领导，都十分怀疑阿比吉特的商业头脑根本不足以引领斯里瓦斯塔瓦集团，但没人愿意开口说出这份疑虑。不过阿比吉特的两个儿子——比乔伊和卡尔蒂克倒很有出息,两人分别在家族的电力公司扎普电力和建筑公司建力中大展拳脚。有他们的辅佐,或许阿比吉特真能成为马亨德拉的接班人。

排在后面的是阿比吉特的妹妹、马亨德拉的大女儿南迪尼。不过桀骜不驯且注重环保的南迪尼不太可能成为斯里瓦斯塔瓦集团的下一任领导者。过去30年里,她一直在公开谴责家族的矿业公司破碎机给环境造成的破坏,以及她个人认为的公司对矿工的剥削。如今,全球对可持续发展和ESG(环境、社会、公司治理)的重视,为她的控诉赋予了新的意义。她的小弟赛支持用新手段处理破碎机公司造成的问题,比如转股撤资;而她的侄子比乔伊的想法(虽然有些不太成熟)是让破碎机公司从火力发电转向清洁能源发电。

南迪尼掌管着家族的慈善机构——帕里瓦尔坦[①]基金会。然而,她的野心远比这大得多。在即将到来的选举中,作为一位政党候选人,南迪尼的竞选宣言就是要惩罚破碎机这样的公司,让它们为自己的怙恶不悛以及对环境和社会的破坏付出代价。而南迪尼敢于公开批判其他家族成员的做法,也被描绘成她的政治决心和毅力的证明。

南迪尼的妹妹、马亨德拉的二女儿瓦什纳维同样不是斯里瓦斯塔瓦集团的下任掌舵人的有力竞争者。因为厌倦了大学里的教职工作,瓦什纳维想要找寻新的挑战,所以过去三年,她一直在

---

① "帕里瓦尔坦"在印地语中的意思是"转变"。——译者注

争取进入家族企业的管理层。她感觉家族中的男性只会欺压自己。大哥阿比吉特和父亲马亨德拉都认为女性就不是管理公司的料。

但瓦什纳维并非寻常女性。她在读博期间有了重大突破，发明了一种新型水泥化学式，用以制作高强度快速凝固混凝土。后来，她在家族的水泥公司灵生水泥做了两年的博士后。在那里，她进一步完善了家族的秘密配方。在此后的20年里，在瓦什纳维水泥化学式的专利有效期内，灵生水泥公司一跃成为全世界利润最高的水泥公司，也成为家族企业中营收最高的公司。靠着瓦什纳维的贡献，在20世纪90年代初，斯里瓦斯塔瓦家族赶超一众竞争对手。毫不夸张地说，是她的配方"撑起"了印度形形色色的摩天大楼。

然而直到今天，瓦什纳维都没有得到任何回报。在接受印度理工学院的终身教授职位之前，她在家族企业作为博士后工作的两年里，马亨德拉支付给她的薪水和支付给灵生水泥公司的其他研究员一样。后来，她向马亨德拉提议可以出任灵生水泥公司的CEO（首席执行官），帮自己的日本籍丈夫郁夫分担一些压力（郁夫同时是灵生水泥公司的董事长兼CEO、硕业公司的董事长兼CEO以及建力公司的董事长），但马亨德拉想都没想就拒绝了。可早在20多年前，他就让郁夫接手业务了。所以在瓦什纳维看来，父亲的决策根本没过脑子，完全是出于大男子主义。

瓦什纳维希望在马亨德拉去世后，家族内部不要再将她排挤在家族企业之外。但她还有大哥阿比吉特需要对付，而且雪上加霜的是，阿比吉特十分嫉妒郁夫在公司里的成绩。郁夫一个外人居然能够博得马亨德拉的青睐,甚至掌管了家族企业的半壁江山,这让阿比吉特怨念颇深。

深思熟虑之下,马亨德拉的小儿子赛,实在是没有能力去领导整个家族。虽然他英明的商业决策让家族的金融服务公司里本金融大获成功,但他的私生活简直是一团糟。26年前,赛曾与一位有夫之妇阿帕尔娜有一腿,并且生了一个儿子桑凯特。从那以后,他先后换过许多女伴,但都不长久,他从没说钟情于谁,也没想过组建一个体面的家庭。他这桩未婚生子的丑事让家族蒙羞,而家族也从未原谅过他。虽然在其他地方未婚生子可能没什么大不了,但在斯里瓦斯塔瓦家族的社交圈里,这是一大禁忌。

赛的酗酒习惯使他的生活不太安定,这让家族感到不安。里本金融公司即将迈入国际化扩张阶段,许多人都预计该公司将持续高速增长,但赛的这种花花公子形象却是家族最不想要曝光的了。他嚣张跋扈、不知悔改,和自己那个古板的侄子卡尔蒂克针尖对麦芒。算起来卡尔蒂克只比他小五岁而已,但迄今坐过最高的位置也不过是建力公司的高级副总裁。

斯里瓦斯塔瓦家族的企业会变成什么样子?他们是会放下几十年来的嫌隙与怨怼,团结一致,共谋发展,还是会因为重要的所有权问题而闹得不可开交,最终导致家族在马亨德拉死后分崩离析?企业是完全放弃采矿业,还是转而发展清洁开采技术?这样的商业决策是否会让家族商议陷入僵局,从而损害企业的利益?

家族企业的复杂性

> 经营企业不难,经营家族很难,经营家族企业更是难上加难。
>
> ——某家族企业领导者

斯里瓦斯塔瓦家族的成员之间复杂的关系和他们面临的困境,听起来是不是很耳熟?或许你也有一个和你不太对付的兄弟姐妹或者表哥、表姐,你们在家族企业里共事,然后把彼此之间的恩怨带到工作中。或许你并不满意公司现在的分红政策,又或许你根本就不同意另一位家族成员对企业发展的规划。这些让家族关系、公司所有权和企业治理缠在一起的问题可并非小事。

心理学家认为,爱和工作是"我们幸福的基石"。[1] 家族往往能给予我们安全感、落脚点,以及一部分自我意识——关乎我们的出身与归属。而工作则让许多人有了目标,有了早上起床的理由。如果个人幸福与满足感的基础真的都构建于家族企业之上,那么对我们来说,了解如何应对家族与工作的区别和交叠之处尤为重要。

家族与企业奉行着两套迥然不同且互不影响的运作逻辑,因此大部分家族企业内部关系都是错综复杂的。家族的特性是,它是由爱、信任、忠诚、无私构成的强大纽带,这让家族跳出了理性经济人的范畴。[2] 家族的立足之本是无条件的接纳,而这又由爱、关怀、公正与平等相待进一步巩固。家里没有唯才是举这套说辞。没有母亲会偏爱自己最聪明的孩子甚于偏爱其他孩子。

牢固的情感羁绊源自亲密关系,以及一起经历过的种种,无论是健康、疾病,还是悲欢离合,家族都可以满足我们最强烈的心理需求,比如安全感、归属感、尊重感,但也可以夺走它们。³比较与妒恨可以大幅削弱我们的自我价值感。正如西奥多·罗斯福(Theodore Roosevelt)所说:"通俗点讲,比较是偷走快乐的窃贼。"回顾自己的一生,你很可能会发现这一路走来所遇到的高峰与低谷,都离不开家人的陪伴。

此外,家族又代表着永恒与团结。人这一生中,友谊会随着时间的推移而变化,但家族却是始终离不开的牵绊。家族是一个持久的动态系统。和工作环境不同,"退出"家族几乎是不可能的事。即便我们与某些家族成员断绝了关系,可在潜意识里还是会想起他们。哪怕我们和家里的关系并不好,但在遇到困难的时候,家可能还是我们唯一能够寻求慰藉的地方。对于家族,我们有一种深厚的信任,因为经过几十年的相处,我们很清楚每位家族成员是否可信。⁴衡量我们在家族内表现的标准是我们与家人长此以往的相互关照与协作,而非由个人利益驱使的短期结果。

除了文化习俗可以影响家族的行为与决策,没有什么清晰的治家准则。无数的自助类图书都致力于在婚姻关系、父母之道,以及解决冲突等问题上给予读者建议,但家族内并没有预设什么样的治理结构,所以家族成员可以自行选择个人行为模式。

而企业则完全不同。企业的世界重视逻辑,遵循章程,且充满竞争。在法律上,公司是必须在特定权利与义务范围内经营的实体。法定的治理架构、监督与报告的准则,以及指导所有权与经营活动的法律法规都明确划定了企业的责任。评判企业的标准也是一系列硬性指标和财务业绩。如果这是一家上市公司，那么股东还会期望获得一定收益。

在如今这个资本主义盛行的全球化世界，企业内部及企业间的关系，只有在对各方都有利的情况下才能存续。信任的关键不在于深入观察之后的了解，而是各方都要在公司运作流程内开诚布公。员工可以选择离开，雇主也可以选择解雇员工。对某家供应商或者合作伙伴做出的承诺，换了别家也一样。

家族企业使家族和企业在某些维度重叠了。工作和生活交织在一起，使得大家会在家族聚餐或者度假的时候谈论公司里的工作。一家人总有机会对话，可能因此更加团结，也可能因此产生忧虑。家族内部的正常活动，比如结婚、离婚、生子，都会直接影响家族企业，因为这关乎所有权的变动。某人在公司里取得成绩并收获认可，无意间集万千宠爱于一身，并成为家族内的榜样。

家族与企业的结合会模糊企业本身的目标。企业本应该是单纯给家族赚钱的机器，或者是专注于业绩增长的实体，但家族企业却可能会成为家族成员人生意义的一部分。大家都想在自家企业里谋得一官半职，并就企业经营发表自己的看法。于是，家族内部的私情与家族正义便掺进企业决策中。

家族的参与可能会让家族企业陷入路径依赖。比如，几代人为了尊重先祖的荣光，保留一个历史悠久但利润微薄的公司，或者家族内部相互嫉妒、倾轧，从而直接影响企业的所有权与管理。单靠理性、趋利的方法无法解释家族与企业之间错综复杂的关系，而家族对企业的影响也远远超出了常规范畴。

情绪与理性相提并论、不成文的家族规矩与企业规章制度纠缠不清，都为矛盾、冲突提供了肥沃的土壤。人际关系紧张、兄弟（姐妹）相争，以及因为家族内部矛盾尚未解决而产生的不信任感（这还只是冰山一角），都有充足的机会渗进董事会或者家族企业内那紧闭的管理层大门。而由于公司事务所产生的矛盾，比方说在资金分配或者投资选择方面意见不合，这种在外部人士看来微不足道的小事，也被注入了新的含义，并与个人身份交缠在一起。

如未及时解决，这些冲突可能会毁了家族企业。而当家族企业轰然倒塌时，代价往往是巨大的——无数员工会失去工作与生计，家人之间的亲密关系也会不复存在。所以我们必须解决分歧，不仅是为了家族，还是为了企业业务所涉及的人的生活与社会经济。

研究来源与研究方法

上述这些复杂的问题与冲突对我们来说再熟悉不过了。我们曾为亚太地区许多家族企业提供过解决家族问题与商业问题的咨询服务，因此十分了解家族企业的错综复杂与矛盾之处。其中三位作者加起来有超过 65 年的相关咨询经验，分别专攻印度、中国以及日本市场。我们提供的咨询支持业务覆盖了企业经营的各个领域，但更重要的是，在这些家族企业经历内部领导权交接、重组、拆分的过程中，我们一直是备受家族成员信赖的专业顾问。此外，我们还为几十家家族企业的运营提供了帮助。

不过，我们的想法并非全是自己的。我们还参考了 BCG 在支持全球各地家族企业时积攒的丰富知识与经验。我们挖掘并发展了这些专业知识，同时与同事在家族企业占主导地位的新兴市场和高收入国家同步验证我们的想法。

除了我们自己的观察与学习，本书的内容还建立在巨人的肩膀之上。我们感谢那些为我们提供支持的家族企业领导者，在我们探究他们各自家族及企业内部的问题时，慷慨地接受了我们的提问。在本书的调研阶段，我们采访了 30 多位家族成员，尽管他们有好几代人，各自的职业也大不相同，但他们长期以来都与自家的家族企业保持着紧密的关系。

在提出假设之后，我们进行了公开测试，发表了 10 篇流传甚广的文章，并在 BCG 的赞助下发表了两篇焦点论文。除此之外，我们还与一些专业组织举办了多场学习会，这些组织的成员大都拥有或管理着家族企业。在研究了对这些文章与学习会的反馈之后，我们又进一步完善了我们的想法与建议。

尽管如此，我们并不是对所有问题都有答案。要避免家族企业内部的冲突，这个家族需要量体裁衣，探索出适合自己的规则、文化与治理论坛。本书更像是一本指南，帮助你问出正确的问题，指引你找寻适合自己家族或是适合你服务的家族的最佳解决方案。

谁该读一读本书

无论你是家族企业中的家族成员、企业员工或者潜在员工，还是家族企业的合作伙伴或潜在伙伴，抑或是投资者、管理学专业学生，本书就是为你写的。如今，家族企业随处可见，它们对全球经济而言举足轻重，因此无论当下如何，你都有可能会在职业生涯中与家族企业打交道。了解家族企业内部的矛盾、冲突及其带来的挑战，能帮助你和管理并拥有该企业的家族打造更好的工作关系。

本书提出的一些关于防范或缓解冲突的意见、建议，主要是写给家族成员的。通过向内探索的诊断式练习，我们希望用一些重要的问题来引导各个家族对家族的身份（包括成员个人、家族愿景、家族给企业定的目标）、家族与企业的关系，以及企业所处的时代背景，形成深刻的理解。当我们界定不同维度的冲突及其源头时，这些关于家族企业的问题将会帮助各个家族反思自身。

我们会给家族提供切实可行的建议来防范、缓解或者解决冲突。每个家族都需要定制一套适合自家情况的方案。这些方案可能需要我们组合使用之前提到过的一些策略：

- 塑造家族文化以防范或解决冲突。
- 阐明有关家族所有权、收益、限制以及行为规范的准则。
- 召开内部治理会议来解决矛盾。
- 对非家族成员的员工及合作伙伴的工作抱有准确的预期。

对非家族成员的员工来说，本书也和他们息息相关。在与家族企业合作前，他们应该了解这个家族的哪些方面，预计有何收获？与家族企业合作也好，为家族企业打工也罢，都有其独特的困难与挑战。对相关的困难与机遇有一个准确的判断，对个人的成功至关重要。

定义家族企业中的冲突

> 所谓和睦，并非绝无冲突，而是有能力应对冲突。
> ——圣雄甘地

家家有本难念的经——有小打小闹，也有大吵大闹。小打小闹稀松平常，一般很容易就过去了。但如果是手握家族企业所有权与管理权的家族成员之间发生争斗，那么纠纷很可能会升级，从而给家族企业造成严重打击。无论是通过操纵家族内部的情感，为家族企业带来财富、权力与声望，还是利用自己在家族企业中的角色，追求个人对爱和认可的需求，小纠纷都可能升级为全面的家族战争。[5]

家族冲突的激化升级往往并非意外。冲突的开端经常只是成员间产生了利益分歧或者彼此冷眼以待，然后慢慢发酵。然而，一味地忽视冲突以避免对峙与不适，只会激化矛盾，阻碍沟通，让紧张局势持续升温，直达沸点。看似微不足道的小事，最终却引起了火山大爆发。有人因此受伤，再也不和别人交流，更别提合作共事了。

冲突的形式多种多样、变幻莫测。处于分歧中时，伴随着高涨的情绪，我们可能会觉得这场争端就像一个又大又乱的线团，杂乱无章地缠在一起。而冲突就像这团毛线一样，既找不着头，也找不着尾，中间还有那么多打结的地方要解开，让我们不知所措，不知道该从哪里开始补救。其实，想取得进展，我们只需要一次选一两根线，然后慢慢地逐步解开结即可。

要解决家族企业内部的纠纷，需要先提炼出冲突的几种类型并加以区分，然后用不同的方式来处理。从我们与不同家族及其企业密切合作的经验来看，一共有三种主要的内部冲突类型：

- 情感冲突：一般出现在家族内部。
- 所有权冲突：一般出现在家族与企业交互时。
- 企业战略冲突：一般出现在企业治理与管理环节。

无论是哪种冲突在何时笼罩了整个家族企业，它都需要召开独立于公司董事会的家族会议，以找出解决方案。冲突永远不会消弭，但我们可以更好地了解、避免以及化解冲突。

家族内的情感冲突：软性问题

家族内部总会因为一些情感加持的问题而产生破坏性冲突。无论是否经营家族企业，家家户户都要面对所谓的软性问题，包括（严重程度由低到高）公正性问题、公平性问题以及尊重问题。当家族成员违反家族规矩的时候，软性问题也会出现。

你有没有因为某位家族成员对待你的方式而感到内心受伤或者是不受待见？也许你是家中的长辈，曾因为年轻海归一代的评价或态度而感到不受尊重。反过来，你也可能是家里的年轻一辈，感觉受到了长辈的轻蔑。你是否觉得有人毫无道理地讨厌你？

如果你有过这样的感受，那就说明你经历过软性问题。

软性问题会触及我们的身份认知与自我价值感，带来强烈且深层次的情感波动。软性问题让我们不禁想问"为什么"，想要去探寻那位家族成员的行为或决策背后的动机。他是不是爱我少一点？他为什么不尊重我在家族企业里辛辛苦苦几十年的成果？虽然很少有关于家族企业的管理类文章会探讨这些问题，但我们发现这些问题往往是破坏性冲突的催化剂，会对企业造成实实在在的、可以衡量的影响。

家族与企业交互所引发的所有权冲突：硬性问题

通过观察家族与企业之间的交互，我们能看到因企业所有权带来的负担与特权而产生的问题，这些问题就是硬性问题。硬性问题的根源在于，家族选择如何分配企业所有权的权利与利益，以及家族为享有这些权利与利益的成员设置了哪些限制，这些都会产生深远的影响。

如果拿冰山打比方的话，硬性问题就是冰山露出水面的那一角，外部观察者一眼就能发现问题。常见的硬性问题包括继承权纠纷或家族财产纠纷，比如家族成员有权从公司获取多少财富。这种权利是否代表确定了的雇佣关系？家族成员都担任哪些领导职务？他们在职业道路上的晋升速度如何，以及他们有哪些决策权？同样容易引起纠纷的还有家族对成员生活方式的限制，比如允许他们购买哪些车，或者家族成员是否可以参政。

企业治理与管理环节中的企业战略冲突：商业问题

最后，家族成员还可能要面对由企业内部问题引发的冲突。任何企业都会遇到这类问题，比如发展速度、并购选择、风险偏好、资金分配等。但是，不同于股东结构庞杂、人情淡漠的股份制公司，家族企业持股集中、股权收益也集中，这自然会影响商业决策的制定及过程。家族不可能简简单单地把股票都卖掉然后一走了之，也不会只依靠规范的企业治理论坛来决定家族对企业决策的意见。那么家族成员如何就商业问题在内部达成一致，以确保能在董事会上提出一个统一的家族观点？

动态的冲突很难明晰地归类为软性、硬性还是商业问题。例如，家族内部几十年前因为不公正的待遇埋下了不和的种子，今天就有可能演化成继承权纠纷。商业决策背后也可能隐藏着过去家族成员间的情感纠葛。各种问题盘根错节，但每种问题相应的防范、治理以及解决方式都不一样。本书的关键便是帮助大家了解如何应对这三种主要冲突的诱因，以避免发生复杂的争端。

家族员工与非家族成员的员工及合作伙伴之间的摩擦

家族企业内还有一小部分摩擦，是发生在家族成员与企业雇用的专业人士或外部商业伙伴之间的。这种摩擦不太会对企业造成破坏性打击，但是因为外部人士想走就走，比较方便，所以这可能只会导致人员流失或者合作关系恶化。

这些摩擦的起因是各方对彼此关系的预期不够准确。例如，就家族成员提出的员工价值主张①而言，他们可能会对员工的能力抱有不切实际的期望。家族成员在个人愿景与未来规划方面，也可能会低估自己应该向非家族成员的员工保持一定的透明度。

同样，非家族成员的员工与合作伙伴可能会错误地认为，家族企业和其他所有权类型的企业没什么不同。员工并没有认识到家族企业的商业约束与个人约束，比如职业轨迹与公众形象的限制、有限的决策权与风险承担能力，以及员工十分需要信赖并忠于家族成员。员工与合作伙伴可能都不清楚，备受信任的非家族成员的员工到底有多大的决策权？合作伙伴可能都忽略这个家族的情况或者具体的商业背景，觉得这些都是没什么用的信息。这种错误的认知可能会进一步加剧家族企业内部的各种冲突。

谁会卷入冲突

虽然家族成员之间可能会产生冲突，但我们看到家族内某些群体的纠纷是有规律可循的。家族关系可能会激化矛盾，特别是当我们把家人当外人对待时。平辈间会有冲突，比如兄弟姐妹或表兄弟姐妹之间；代际间也会有冲突，比如叔侄之间；甚至有的冲突是同时发生在这两个层面的。我们观察并总结出了八组关系，

---

① 员工价值主张（Employee Value Proposition）是指员工根据在工作场景中的表现，可以获得的回报与福利。这是公司留住人才的关键，也是吸引优秀候选人的途径。——译者注

它们是很容易在家族成员中产生冲突的：

- 家族企业领导者与其后代之间（例如，大家长拒绝退位让贤）。
- 兄弟姐妹之间（通常是兄弟阋墙，或是长兄或长姐与所有弟弟妹妹）。
- 叔侄、舅甥之间。
- 姻亲与家族领导者之间（经常是女婿想上位，争取家族企业管理岗）。
- 姻亲之间（例如，媳妇与其他人不和）。
- 夫妻之间（例如，离婚风波）。
- 父母与各自不同的伴侣生下的孩子之间。
- 被家族与企业排除在外的女性家族成员之间。

你家里水火不容的是哪些人？你是否观察过其中的规律呢？

确认是哪些人或哪些群体在争斗，会帮助你了解冲突的关键点。除了家族成员间的纠纷，家族与企业雇用的专业人士也可能会发生冲突，尤其是当高级职业经理人没有注意到在家族企业内工作的重重限制时。我们建议你在做本书后面的思考练习时，一定要记住是哪些人常常水火不容。

你能从书中学到什么

本书的目的是帮助你规避家族企业中的破坏性冲突。鉴于全世界家族各不相同，你为自己家族制订的解决方案会和其他家族的规章、准则、治理论坛有所差异，毕竟没有什么方法是放之四海而皆准的。

考虑到需要定制解决方案，我们希望这能够激起你的深思。我们不会提供最佳方案或者标准做法，而是会分享我们曾经服务过的家族都采取了哪些策略，进而举例说明其是如何解决引起家族企业内部冲突的问题的。我们问问题是想帮助你思考并发掘出什么样的规章、治理论坛，以及冲突解决办法最适合你的家族。

本书的第一章会指引你探索你的家族、企业，以及家族与企业之间的关系。在第二章，我们首先会帮助你认清家族的身份、立场，以及家族企业对家族的意义。你如何理解家族成员个人以及家族系统的运行机制？你的家族所珍视的价值观能够驱动看似不凡的决策的制定，但问题是：你的家族所珍视的价值观是什么？

在建立了对家族的基础认知后，第二章主要讨论的是你的家族企业及其与家族的关系。我们希望你可以探索你的家族与企业之间的关系，包括家族内部有多和谐、代际视角、家族成员如何看待家族企业，以及家族内部承担风险的方式。之后，我们会推着你深入思考你家族企业的现状：企业的规模如何？有多成熟？企业的灵活性、依赖性以及协同增效如何？所有权结构怎么样？企业有哪些未来展望？最后，我们会帮助你系统性地检查一下企业的生态，即企业经营所必须服从的外部制约。对家族与企业的现状有一个精准的了解，是发现潜在冲突的重要前提。

冲突天生就是复杂且棘手的。为了找出解决之法，化解冲突，我们发现将冲突拆解成几个部分会有所帮助。所以，我们拿出了较大的篇幅来探索如何从三个层面理解、防范以及应对冲突：家族内部、家族与企业交互时及企业内部。从这三个层面入手解决冲突，与董事会无关，必须由家族成员自己完成。

在第三章，我们将深入探索家族的软性问题，进一步深化其定义，并将其与一些不成文的软性规则联系起来，比如公正性与透明性。违反软性规则是如何引发冲突的？人们违反软性规则（即使是无意为之）的动因又是什么？

在介绍完软性规则之后，我们将聚焦于如何防范与应对软性问题：首先，打造家族文化，强调互相尊重等文化元素，这样就可以在解决冲突时减轻相应的痛苦；其次，将软性规则明确地罗列出来，避免模棱两可，这也有助于防范软性问题；最后，我们还会讨论万一软性问题真的发生了，家族该如何选择合适的人来担任冲突仲裁者或者家族监察员的角色，以及哪种机制有利于解决冲突。

在第四章，我们会探究硬性问题，即关于家族企业所有权带来的权利、收益和限制问题，这出现在家族与企业交互时。系统性地制定并阐明硬性规则是防冲突于未然的一个重要方法。家族该如何分配和管理所有权、财产与其他利益，包括家族成员在企业内的职位？如何选择家族领导者及其继承人？对家族成员的行为举止有何预期与约束？家族应该选择哪种运营模式，是垄断企业的所有权与管理权，还是以"积极投资者"的身份介入，抑或是做一个"被动投资者"，像处理手中的证券一样对待自家企业？

在第五章，我们会再花一章的篇幅来讲解处理硬性问题的治理论坛与冲突解决机制。通常来说，决定硬性规则及其应用范畴应该是治理机构的专属职责，比如正式的家族协会或家族委员会。然而，即使有完善的治理论坛，各个家族还是会在硬性规则方面遇到棘手的冲突。所以，我们会分享如何解决冲突，以及当所有权相关的重大问题引发的冲突达到沸点时，谁可以向家族提供支持。一般情况下，家族会将关于硬性规则、治理机构和冲突解决机制的决策汇编成详细的文件，比如家族宪章与家族行为准则，我们会在本章的结尾简要说明一下。

家族冲突的最后一个层面就是企业内部的战略决策，我们会在第六章说明。虽然上市公司会受到当地法规的约束与要求，但家族还是需要有意识地选择如何利用其影响力来引导企业。家族成员必须仔细选择自己参与企业的方式，以尽量减少彼此在商业问题上的冲突。家族内部该如何通过公司治理委员会以外的讨论会就商业活动的观点达成一致，从而使家族利益最大化？

在第七章，我们讨论的重点会从家族内部冲突的直接来源，转向帮助家族成员、非家族成员的员工和合作伙伴学习管理自己对其他各方的期望，以避免产生摩擦。我们分别研究了每一方的视角。家族在为企业挑选人才时应该有何期待？家族为非家族成员的员工开出的条件要如何才能匹配家族的目标与业务需求？为了保证企业顺利运转，对于非家族成员的员工，家族怎样才能提高其角色与愿景的透明度？从非家族成员的员工的角度来看，家族企业中有哪些商业约束和个人约束，又有什么机遇？他们对与其他非家族成员的员工的合作该有何期望？最后，我们还要考虑家族外的合作伙伴以及投资者在与家族企业合作时应该了解什么，比如家族背景、决策者的身份，以及当地的营商环境。

在第八章，我们会做一个总结。我们会简单回顾一下危害家族企业的破坏性冲突的三个主要来源——软性问题、硬性问题和商业问题，以及家族企业与非家族成员的员工和合作伙伴之间的摩擦。我们会对比一下这些问题以及缓解问题的策略。最后，我们会提出关于如何将本书对防范与缓解冲突的观点付诸实践的建议。

注释

1. Sigmund Freud, as referenced in Vries, Manfred F. R. Kets de, Randel S. Carlock, and Elizabeth Florent-Treacy. *Family Business on the Couch: A Psychological Perspective.* 1st edition. Chichester: Wiley, 2007. Carlock, R., and J. Ward. *When Family Businesses Are Best: The Parallel Planning Process for Family Harmony and Business Success.* 2010th edition. New York: Springer, 2010.

2. 理性经济人（homo economicus），即假定人是绝对理性的，追求个人利益最大化。

3. See Maslow's hierarchy of needs as described in Mcleod, Saul. "Maslow's Hierarchy of Needs." In *Simply Psychology*, March

20, 2020. https://www.simplypsychology.org/maslow.html.

4 Hardin, Russell. "The Street-Level Epistemology of Trust." *Politics and Society* 21, no. 4 (December 1, 1993): 505–29. https://doi.org/10.1177/0032329293021004006.

5 See Gordon, Grant, and Nigel Nicholson. *Family Wars: The Real Stories behind the Most Famous Family Business Feuds*. Illustrated edition. London ; Philadelphia: Kogan Page, 2010.

第二章

明察秋毫：认识你的家族与企业

翻到这一章，你可能会想："为什么我要练习了解自己家族的情况？我就是家族的一员，我比谁都清楚情况。家族企业就是我的，我每天都要管理呢！"

还请你继续读下去。你的确熟知家族历史和日常动态，这是难能可贵的。但家族里的其他人了解家族吗？他们的基本看法是否和你相同？你是怎么知道的？你有试过系统性地检验家族成员当下的基本看法和心理预设吗？家族成员对家族企业的业务和生态是否持同样的看法？

家族成员各自的心理预设很可能大不相同，而未挑明的预设会成为滋生冲突的温床。远亲和姻亲算不算家族的一分子？家族企业要不要给员工开高于市场价的薪资，以支持当地社区的经济发展？家族更关心的是企业的运营情况，还是自己能从公司里捞多少钱？

不深入了解家族与企业的具体情况，只采取一刀切的决策方式，其效力绝对是要打一个问号的。例如，一个只有一家企业和一名潜在继承人的德国家族，与一个坐拥多家企业、人丁兴旺的印度大家族需要采取的措施是截然不同的。

本章我们将带领你系统性地探索一下你的家族、家族企业以及家族与企业之间的关系。尽管我们提出的许多问题，第一眼看上去其答案可能显而易见，但我们却常常观察到不同的家族成员对此会有不同的观点。梳理出这些异见，对于认识本书探讨的三大主要冲突来源，即软性、硬性和商业问题，至关重要。

认识家族

你的家族以及你们的价值观与抱负，到底有何独特之处？不同人的观点和个性如何？家人们聚在一起是如何产生一套家族规范并不断强化它的呢？随着越来越深入地认识家族，我们会聚焦以下两个维度。

- 刻画家族形象：家族的身份、个人的能力与抱负、家族的关系与文化规范。
- 家族愿景：家族现阶段的价值观、是否所有人都一致认同企业对家族的意义。

刻画家族形象：家族的身份，以及家族是什么样的

你如何定义自己的家族？谁是家人，谁是外人？大家都清楚

自己的身份吗？家族成员分别有什么特别的技能和兴趣？你们合得来吗？还是说每次家族聚会都让人感觉像是参加一场战役，而战争永无休止？家族内有没有共同的癖好或规范？

对这些问题的不同回答，可能会在家族内部埋下冲突的种子。多样化的个性、对异质文化与信仰的接触程度，以及代际观念的差异，都会使大家意见相左，甚至影响了"何种关系才算是家里人"这样基础性问题的答案。"家里人"的身份决定了什么是合适的家族行为，以及家族成员应得的利益与担负的重任。

深入了解你的整个家族和成员，是认识家族的第一步。

家族的范畴

家族是什么？这个问题在全世界，甚至在某一地区（比如亚太地区）都有不同的答案。家族范畴的界定是很主观的，并且受到文化与社会规范的高度影响。在印度，"联合家庭"（joint families）可能是指生活在同一屋檐下的一整个大家族。有一位我们熟知的家族企业集团的元老，小时候和50多位家族成员共住在同一屋檐下，共用同一间厨房。印度的习俗是女性结婚之后就不再是娘家的人了，而算是婆家的人。而在日本，女婿可能会入赘妻族，翁婿之间宛如血亲，女婿还有权拥有并管理家族企业。而中国家庭则由于之前一直施行计划生育政策，通常只有一个继承人，核心家庭的规模也相对较小。像美国这样的西方国家，一般对家族的定义也比较窄，就是成年人和他们的孩子。

家族范畴的界定还会映射出家族领导者的态度、家人间关系的亲疏紧密程度、家族关系的本质，以及"家里人"对家族企业的贡献。例如，当其他兄弟姐妹都生活在海外时，显然在家与父亲同住的这个儿子和父亲的关系可能会更好。但也有可能久别情更深，住在海外的孩子反倒引人挂念，而在父亲的眼里，与他同住的这个儿子的缺点会被不断放大。有时候，企业里的助手，或是用财力、建议和各种支持帮助了家族的朋友也会被视为"家人"。在描述印度英雄集团的内部环境时，苏尼尔·芒贾尔提到创始人兄弟会像对待家人般对待员工和长期顾问。[1]

> **练习：家族树**
>
> 画一棵家族树，列上所有家族成员的名字，这可以帮助你完成这项练习，界定家族的范畴。你可能会发现，像年龄、出生先后这样的事实，居然也可以引发争议。
>
> 我们的建议是先画出一棵倒置的家族树，把家族企业的创始人放在上面，再在下方依次排好后代子女和其他人。你不要只聚焦家族企业的几代领导者，而是要从整个家族入手，无论他们在家族企业中现任何职或是将任何职。
>
> 思考一下，在你画的这棵家族树上，以下关系分别会处在什么位置：
>
> - 血缘关系（比如兄弟姐妹、父母）。
> - 配偶，包括离异配偶。
> - 情人与外遇。

- 子女，包括领养、继子继女、在之前婚姻中生下的孩子、未婚生子。
- 家族的次要分支（比如姻亲及其子女）。
- 家族的朋友。
- 企业里关系亲密的助手。
- 其他（视家族具体情况而定）。

你先不要急于思考家族成员从企业中获益、分利的规则。首先请你列出哪些血缘关系是清晰的、符合传统的；哪些由爱、信任与关照建立起的关系与传统相悖。当你想到"家庭"与多代同堂的家族时，都有谁包含在内？由于家族与社会规范的缘故，将某些人划入其中可能会比较简单，而其他人则没那么容易。比如直系血亲就没什么争议，但对于其他种类繁杂的关系，家族成员的看法很可能言人人殊。

了解家族成员个人

了解家族的下一步是深入了解成员个人，包括他们的长处、特点、抱负以及恐惧。每个家族成员都有自己独特的身份，包括他的个性、过往、经历，这会影响家族内部的关系，最终影响家族企业。一位赞助人曾对我们说："发挥彼此的长处，给予彼此机会是很重要的。"

企业创始人的子女与兄弟姐妹可能抱持不同的梦想、技能，而几代人所期待之事往往也不尽相同。有的家族成员想要暴富，有的家族成员想创立大企业，还有的家族成员想建立公众形象或努力解决棘手的社会问题。企业创始人也是一家之长，可能梦想着和自己的子女共同缔造一个商业帝国，但孩子们可能并不想为这家企业放弃自己的人生与梦想，而且认为正是因为这家企业，父亲几乎缺席了他们的成长过程。

在家族内部，每个人的技能与对未来的期待，都会因为受到的教育、接触到的理念、文化与商业实践而有所不同。比如：我们的赞助人说，留学海外的孩子更偏向于规避风险；而家族的新成员，比如新的配偶与继子、继女，也会给家族带来新的观点。

你有多了解家族里的成员呢？是不是只有在人多的场合你们才碰面，而来自叔叔婶婶的压力，可能让这位堂亲的个人兴趣完全无法施展？你上次和某位家族成员单独聊天是什么时候？下面这个练习就是为了帮你发现那些你不怎么了解的家族成员，并通过结构化的流程，让你真正地了解他们，虽然表面上看你可能已经认识他们一辈子了。

练习：了解个人

我们建议你思考几个问题，以对每位家族成员都有更全面的了解。你可以为每个人做一张幻灯片或者一个文档，自己探索问题的答案，也可以让他们在家族聚会上分享一些个人信息，比如拍个视频。哪怕不是在正式场合也没关系，平日里询问一下近况，对于家族成员增进对彼此的了解也是很有帮助的。正式的练习，比如迈尔斯—布里格斯性格测试①或 DiSC 性格测试（研究个性在工作场景中的表现），是加深你对家族成员的了解的补充工具。

抱负

- 什么会让这个人开心？
- 他们在企业内与企业外有哪些抱负，何种激情？
- 他们对未来有什么梦想？
- 他们有哪些至今未实现的抱负？
- 这个人的决策受哪些动力驱使？

过往经历

- 有没有负面的童年经历影响他们处世的方式？按照马斯洛需求理论，他们的需求是否有所缺失（比如亲密关系、成就感）？
- 他们在哪里受的教育？又在哪里工作过？
- 哪些过往经历塑造了他们的世界观？

---

① 迈尔斯—布里格斯性格测试，即 MBTI 十六型人格测试。——译者注

能力

- 每位家族成员的能力与资历如何？
- 他们在哪些方面还需要提高，这可以通过训练或者接触达成吗？他们是否清楚自己在哪些方面有待提高？
- 怎么平衡情商与智商？

个性

- 你会怎样描述一个人的个性？内向还是外向？沉稳还是急躁？随机应变还是顽固不化？善于交际、平易近人，还是舍己为人？
- 他们是更适合单兵作战，还是团队协作？一般怎样恢复精力？
- 他们是希望成为众人瞩目的焦点，还是喜欢从事不起眼的幕后工作？

了解家族的动态关系与规范

在任何家族里，成员个人的抱负、能力、过往经历以及个性都会影响家族的动态关系。大家相处是否融洽？兄弟姐妹、妯娌表亲之间是否存在矛盾？谁是家族的调解员？

从你自己的个人经历也能看出，和一群人在一起会改变你的行为方式。家族与企业同样适用此理。能言善谈的人一旦到了家族中，可能突然就缄默寡言了。而极具个人魅力的企业领导者，在家族内部也可能会被扣上盛气凌人、独裁专断的帽子。这些家族动态关系，或者说家族内部的性格对撞，对于我们了解潜在的冲突来源十分重要。

家族也是一种组织形态，各个家族都有其独特的行为规范。家族内部的规范往往都是约定俗成的，但它也规定了什么是"正确的"或符合预期的行为。你在自己家把脚放在客厅茶几上可能没什么，但你要是在祖父家这么干，就太不尊重人了。在某些家族里，长者的话就是铁律（例如芒贾尔家族）。[2] 而一些与我们合作过的家族，则会根据家族共识，协商决策。对于婚姻良配、职业选择、生活方式、花钱方式以及人际交往的要求都是家族规范的一部分。

家族的不同分支、几代人之间也可能会有冲突之处。喜好奢华的人会购买最新款的奢侈品来炫耀自己刚赚了钱，但这可能会惹怒他朴素俭省的兄弟，可毕竟怎么花钱是他自己的事。可以想见的是，平日里交集甚少的远房亲戚之间，行为规范的差异会更大。而几代人对"工作—生活平衡"的定义更是天差地别。

练习：家族动态关系

对家族动态关系的探索可以归纳为以下两个关键问题的答案。

- 家族成员之间、各分支之间是否相处和睦？

- 考虑到成员个人之间的差异，哪些家族规范可能会引发冲突？

有些你一辈子都在遵守的行为规范可能一开始很难察觉。想一想，你的家族和你熟知的其他家族有什么区别？除此之外，还有一些问题可以帮助你更深入地了解家族规范。

- 你的家族有没有一种共同奉行的传统模式，可以让大家紧密相连或是做出统一的社会承诺？
- 企业创始人的愿景是否深深地嵌入家族？
- 在你的家族看来，什么是有价值的（比如财富、社区服务、社会地位）？
- 哪些社会规范对你的家族来说非常重要（比如女性地位、婚姻习俗）？
- 你的家族如何定义公正？
- 在你的家族看来，对于家族成员或各分支间的不平等地位，有没有什么让人接受的依据？
- 家族如何对待参与到家族企业中的成员（比如是保证就业还是竞争上岗、女性的参与与退休）？

> **思考题：刻画家族形象**
>
> 回顾你收集到的家族成员的个人信息、观察到的家族动态关系，以及家族内的规范，你发现了什么？
>
> - 你有没有发现可以凝聚家族的共同信念或规范？
> - 哪些个人信息是你之前不知道的或者知道后让你十分惊讶的？这些信息会在家族或企业内部产生什么影响？
> - 家族成员个人及各分支之间的摩擦有什么明显的来源吗？

家族抱负

你的家族所采取的各项行动与所持有的态度背后，有哪些深层次的原则？它希望从企业中得到什么？家族成员是否都有相同的基本价值观来驱动其制定决策？是否所有人都在为同一个目标奋斗？今时今日的家族领袖是否延续了创始人的愿景与雄心？

家族抱负关乎家族的雄心、愿景与使命。坚定不移的价值观是家族与企业决策的基础。家族抱负决定了企业要如何服务于家族利益，是指引家族参与企业的"北极星"。企业的运营模式、家族成员的巨额分红、商业决策与运营的控制权、企业的所有权，都会受到家族抱负的影响。

对家族而言，阐明想要在企业中达成什么成就，或者企业对家族意义何在，都是至关重要的。创始人的雄心是要建立一家标志性的世界一流公司吗？企业如今的主要目标是给家族成员提供稳定的就业机会与收入来源吗？企业是要世代传承下去，凝聚家族的力量，还是要让个人有成就自我的机会，给家族成员以人生目标？

了解今天的家族抱负，能让我们一窥现状，不过其还需定期重新审视。通常来说，企业创始人、最大持股人或者企业里影响力最大的人都是家族抱负的代表，在领导家族企业的过程中，悄无声息地传递着这些愿景。随着家族的发展，其愿景也会不断变化，因为新一代人和新的营商环境会带来全新的可能性与限制。

典型的极端选择可以帮助我们清楚地了解各种选择间的利弊权衡，以及家族想要从企业中获得什么与其做出的运营选择之间有何关联。从理论上讲，家族会优先选择：企业、家族或是财富。但实际上，没有哪个家族会就其中一类做出极端选择。相反，它们一般都会做出混合式选择，倾向某一方面罢了。研究这些典型，可以更加明晰每一种选择的独特结果。

家族价值观

研究家族企业的学者们提到，价值观是企业与家族之间的强力黏合剂，而且在变革与动荡时，又是指引迷航的舵盘。[3] 价值观是整个家族企业创立之基石。我们采访过一位赞助人，他笃信一套强有力的家族价值观是企业成功的关键。价值观决定了家族会做出何种商业决策、如何对待员工及彼此，以及面对胁迫时如何应对。

有些关于家族价值观的讨论很喜欢用单个词去描述整个家族，比如诚信、正直、信任、公正、坚韧。这些价值观如果已经深深嵌入了家族的互动和决策，并得到充分应用，就可以时常提醒家族成员，什么样的行为才是可以接受的。

了解这些价值观固然重要，但在我们看来，不会有太多家族成员会反驳这些崇高但抽象的理念。而我们确实看到，对于一些更为复杂的价值观，大家是有分歧的，而正是这些价值观在指导家族如何管理企业、如何做出艰难的经济和社会选择。宗教、哲学以及厚重的民族历史背景，可以塑造一个家族的价值观。例如在日本，许多有钱有势的企业领导者都过着坚忍寡欲的生活，这离不开宗教传统的影响。他们虽然位高权重，但还是会在公司食堂吃饭，乘坐公共交通。[4] 美国的家族企业可能会有强烈的社会正义感，因此偏爱少数族裔企业供应商。而来自乱砍滥伐、栖息地破坏重灾区的家族，可能会将环保列为家族的核心价值观之一。

经常与我们合作的一些家族企业领导者都奉行甘地的托管制理论，这直接影响到家族与员工补偿、人事管理等商业层面。在甘地看来，财富不仅是个人和家族的，还属于社会，要用来造福他人。如果家族的先辈恪守这一理念，那么后辈也会继续沿着这个方向经营企业，而这种经营方式在纯资本主义的视角下简直是不可理喻。经济下行时期，这些企业可能会选择留住员工，保证他们有稳定的收入来源，或者给企业高管降薪，让利于普通工人；在合作伙伴与供应商遇到困难的时候，这些企业也会为其提高信贷额度或者直接豁免债务。无论你家族的价值观源自何处，认清这些价值观，对于理解家族行为背后的动机十分重要。

> **思考题：价值观**
>
> 　　提炼出家族价值观绝非易事。人们对自己的价值观早就熟记于心，反而有些人会灯下黑，企业亦是如此。你可以试一试真心实意、饶有兴致地提出下列问题，但记住不要评头论足，这样别人才有可能把恪守的信念说给你听。
>
> - 你希望如何被后代、友人、员工、客户以及社会所铭记？
> - 你想要看到世界发生何种改变？
> - 你的动力何在？有没有哪位家族前辈的杰出事迹是你想要与之比肩的？
> - 你把什么放在第一位，即便处境艰难仍不改初心？
> - 令你生气的点在哪里？你愿意守护什么，为它而战？

价值观虽然可以凝聚家族，但并非一成不变。随着新一代人来到新的环境，原本的价值观可能会被冲淡，或者让家族的不同分支之间产生分歧。通过内部讨论来了解家族的价值观，只能让我们看到一个时间节点的缩影；而重温这些价值观，尤其是在新一代人成长起来后，则会让我们清楚地了解塑造家族成员行为举止的种种信条。哪些价值观是有争议的，或者说是只有一部分家族成员信奉？哪些价值观是家族凝聚力的关键？

企业对家族的意义

弄清家族的价值观之后,下一步就是阐明企业对家族的意义。我们先来简单看一下三种常见的、典型的家族企业的意义——以企业为先、以家族为先、以财富为先。

每一类别都代表了一种独特的家族思维,这会影响企业收入的用途、家族成员在企业中的地位和参与度(也就是运营模式)、家族员工在企业内的准入与晋升条件、公司领导权以及家族对业务拆分的看法。一般来说,在家族企业中,我们不太可能会观察到这些典型类别之间纯粹、鲜明的区别,但研究它们能让我们看到这三种类别是如何走向极端的。

众多研究家族企业的学者都分析过这几种常见的、理想的典型类别。[5] 通过回顾这些类别,我们想要为第四章探讨的家族运营模式做铺垫。

在探索这些典型类别的同时,请你思考以下问题:

- 哪个典型类别(或组合)最像你的家族?
- 在你的家族中,大家对企业的要求是否基本一致,还是说不同的成员、家族分支或是几代人之间对企业的要求存在重大分歧?
- 你觉得未来 5 年到 10 年,企业对家族的意义会发生改变吗?如果在这期间,家族领导者要退位让贤,你认为有机会重新定义企业对家族的意义吗?还是说前任领导者的意志将得以继承,从而引领家族的发展?

以企业为先

对某些家族来说，建立一个标志性的品牌、公司或集团，之后努力发展并且不断取得商业上的成功，让家族的荣光得以延续，就是企业的主要目标。这样的家族会服务于企业，把自己的利益排到企业利益之后，并且不会利用企业来达成任何与企业发展的最佳决策不一致的个人目的。

在以企业为先的情况下，决策是根据对企业持续增长的愿望制定的，即家族会投资企业，并通过优化资本分配来推动企业扩张。我们通常会看到，这类企业总是冲在向全球市场扩张、建立全球伙伴关系、与外国公司建立合资企业的最前方。有一位家族企业的第二代掌门人曾这样解释他们家族的战略："那就是尽量实现企业再投资最大化，减少家族成员分红，只允许在家族企业供职的成员领取薪水。"衡量成功的标准就是传统的财务指标，比如稳定的股票表现、营收增长和盈利能力。

以企业为先的家族可能会或多或少地参与企业管理，尽管其知道职业管理的好处，也十分热衷于聘用专业人士来促进企业发展。在这样的家族中，即便只是入门级的工作，也不会保证是家族成员就能得到的，只有能力和岗位匹配才可以胜任，比如具备相关的教育经历与工作经验。家族成员和非家族成员都要参加面试，考核的标准也一样，没有暗箱操作。同样，CEO、总经理等高管职位也不会只留给家族成员担任。

家族成员一旦进入企业，家族和企业之间就有了清晰的界限，对他们的绩效评估标准与反馈机制和对非家族成员的员工的差不多。家族成员如果表现不佳，也会导致职业发展停滞或者被炒鱿鱼。不过，对比其他人，家族成员可以受到更好的专业辅导和培训。简而言之，企业会雇用并保留最合格的员工与董事会成员，无论他们是不是家族成员。

在这种模式下，家族经营企业就是为了企业成功。家族通过企业获得财富的主要手段就是股票升值，家族成员的分红也与企业业绩挂钩。虽然家族成员可以在一段时间内放弃分红，以支持企业发展，但若业绩长期表现不佳，终究会出现要求更换领导层的声音。同样，家族成员的薪资水平基本和市场价持平，甚至要低于市场价（许多人都和我们抱怨了这一点）。即便是家族成员急需用钱，且自己也始料未及，他们也没有什么办法能让董事会多给自己拨点款。

将家族对企业的负面影响降至最低，对以企业为先的家族来说是重中之重的一件事。家族成员之间的意见分歧绝不能影响到企业决策，保证企业流畅运转才是头等大事。这样的家族可能会极力避免业务拆分，因为拆分可能会引起混乱、企业规模受损以及产生其他财务方面的影响。但若真的要拆分，如何在这个过程中保持公司的品牌力又是一个重要的问题。对此感到心灰意冷的家族成员可以离开，虽然离职待遇会打点折扣。而如果兄弟姐妹们不能继续协力合作，那么以企业为先的家族很可能会选择业务拆分，而不是继续维持集团原有的架构。

以家族为先

在这类家族的眼里，企业的存在就是为了供养家族、满足家族成员的需求，无论是物质需求还是其他需求。企业不仅要在经济上支持家族成员，还要为他们实现个人抱负与企业愿景铺路。此外，企业要为家族成员提供就业、目标以及名望。我们的一位赞助人解释道："到头来，他们要的不单是钱财，还有高收入的工作和一定的社会地位。"

在这类家族中，衡量成功的标准不是财务指标，而是家族从企业中攫取所需利益的能力。遵循这一标准，只要企业创造的财富足以支撑家族、满足成员的欲望，家族就可以（私底下）接受企业不去最大限度地提高财务业绩。这类家族的一大特点就是适度追求企业增长。从战略层面来看，它们可能会选择在国内市场坐稳江山，而不是为开拓新的市场攻城拔寨。

同时，这类家族还会倾向于利用企业以满足家族所需。在管理层，家族成员的薪资要高于非家族成员的员工。家族成员想要进企业工作，也会被当作优先考虑的对象，并且企业还会提供一些福利，比如迎宾馆，以供家族成员使用。企业对家族需求的支持，在家族有像婚礼这样重大支出的时候，会越发凸显。而某些时候，企业本身的投资决策也可能要服务于家族利益，比如家族里的孩子一时兴起，想要开一家公司，那么企业就要为这家新公司注入种子资金。

在以家族为先的家族中，企业对家族的意义与以企业为先的家族截然不同，从家族在企业里扮演的角色可见一斑。大多数家族成员只要想进入企业，无论能力高低、合格与否，都可以拿到入门级的工作岗位。企业会为家族成员的就业兜底，甚至还会为他们打造一条快速晋升通道。哪怕这些人根本做不好工作，企业也不会轻易辞退他们。

如此一来，家族内部的动态关系与钩心斗角也会渗入企业，塑造企业环境。企业与董事会中的领导位置，比如总经理或者董事长，都是留给家族成员的。家族名下诸多企业的 CEO，可能来自家族内部的不同分支，而这样的安排更多是出于平衡的考虑，而非能力。

将领导位置握在手里，家族就可以对企业保有较大的控制权，从而方便从企业中尽可能地攫取其所需的东西。例如，家族成员的开销、高于平均水平的薪资以及其他物质利益可能都得要公司掏腰包，而非家族自己出（不过在上市公司或者有像私募基金这样的大投资者的公司里，这个方法不太行得通）。如果有多名家族成员竞争同一个岗位，那么家族往往会想出一个折中的办法，尽量让大家都满意，并不一定会唯才是举。

在以家族为先的模式下，只有一路走来都忠心耿耿的员工，才能在家族的允许下担任高级职位。这些人在业务范围之外还会扮演一些非正式角色来支持家族，比如帮助策划家族成员的婚礼。而家族也会犹豫再三，思考到底要不要裁掉这些长期员工，即便他们对企业价值的贡献微乎其微。这既可能是因为要奖励他们的忠诚，也可能是因为他们在业务范围之外可以帮到家族。

以财富为先

在以财富为先的模式下，企业对家族的意义又和上述两种模式有所不同。企业被视为证券，或是其他金融资产，可以为家族创造财富。在此情况下，家族的目标就是净资产最大化，但名下的企业并不一定就是实现此目标的最佳工具。此时，家族会冷静地审视它的企业，然后判断是继续持有企业更好，还是甩手走人更好。它们对企业几乎没什么感情，在它们眼里，企业和其他投资资产没什么两样，比如股票与债券。从理论上讲，以财富为先的家族不需要真的成立企业，只要有足够的资本，买下相应数量与类型的股权来控制企业就可以了。

这时，由于对企业没什么感情，家族一般都会尽可能少地参与企业管理。它们的投入大概率只限于在董事会上讨论一下战略方针，甚至有时连这种场合都要指派代表出席。家族成员和企业及员工之间也没什么联系。因此，家族成员的求职与晋升，以及家族与员工之间的关系，都不是值得关注的方面。

家族持股也遵循以财富为先的原则，无论是委托信托公司打理股份，还是交由家族办公室管理，都是如此。交给信托公司，就相当于家族成员把控制权移交给另一方（即受托人），让另一方代表他们进行商业决策与财务决策。信托可以让家族尽可能少地参与企业，赚得尽可能多的财富，同时有足够的税务激励。至此，家族可以保留企业的所有权，同时可以从因所有权与管理权结合而带来的诸多复杂事宜中抽身。如果家族把股份交给家族办公室管理，并赋予办公室高度的出售自由权，那么家族财富的流动性就会大大提高，并且家族可以投资其他能够带来最大化收益的证券。

混合模式

以上三种模式虽然在企业对家族的意义这一点上泾渭分明，

能够让我们弄清概念，但现实是家族可能同时具备多种模式的特点。比如：在以企业为先的家族中，家族成员常常会在就业和职业发展上受到优待；而在以家族为先的家族中，家族成员在企业内表现欠佳也会备受关注，最终导致企业停滞，但还是不会被开除。

认识企业以及家族与企业的关系

要想为关键的企业决策做好准备，比如所有权决策（硬性问题的根源）和商业决策，你需要对家族、企业以及营商环境相关信息有非常全面细致的了解。家族和企业目前是何种关系？如何解读企业当下所处的阶段？家族名下各公司有什么样的关联？企业的未来展望如何？企业生态中的哪些要素，比如规章制度、劳动关系、企业集资能力，会影响家族在企业中扮演的角色吗？谁代表整个家族做出关键的商业选择？他是怎么做的？这些问题不在任何董事会的考虑范围内，因为其要同时兼顾家族与企业的利益。

在展开讲解家族如何进行商业决策的具体细节之前，我们建议你先思考一下三个基础的诊断性话题。

- 描述家族与企业的关系：目前家族与企业之间的互动方式是好是坏，还是见不得人？
- 企业特征：企业的规模、成熟度与未来展望如何？企业的灵活性源自哪里，又依赖什么？

- 企业生态：企业所在地的政府与监管环境是否稳定？在企业转让、撤资、继承方面有哪些规章制度？企业有能力集资吗？

收集关于这些问题的信息不会直接帮你避免企业里的冲突，只会让你对这些信息本身更加了解。但是，花时间思考这些问题，会让你在做关于一些问题的长远决策时更有准备，比如所有权问题或者商业问题，这些决策对于规避扰乱企业、破坏家族关系的冲突至关重要。而且你可能需要经常性地更新这些信息，以保证其准确性。

描述家族与企业的关系

如果让你想一想你的家族目前是如何与家族企业互动的，那么你脑中会浮现什么画面？是会议桌前的大声争吵，还是晚饭时平静的、随意的聊天？除了企业为家族提供物质利益，二者还有什么关系？在决定企业经营的"正确方式"时，大家是否会激烈争吵，意见天差地别？找到家族与企业关系的核心，是我们要讨论的第一个方面，我们会聚焦于家族和谐、代际观点、对企业的看法、风险规避。这几点并不互相排斥，你可能会在接下来的讨论中，以及在自己家族内部，发现重合之处。

家族和谐

你的家族内部有多和谐？大家相处愉快吗？如果家族领导者要在家族内举办社交活动，大家是否会热情参与？还是说在一家人共度节日或齐聚一堂的时候,气氛会特别紧张呢?找到家族内部冲突的基准线十分重要,能让我们厘清继续抱团在一个家族企业里是否还有意义,所有权与管理权相结合是否还是家族的正确选择。

平衡家族企业带来的利益与限制也很重要。考虑到企业的成功与个人的欲望,大家对自己领到的分红满意吗?家族成员的薪资水平合理吗?你和其他家族成员对自己所受的限制怎么看,比如你们只能买哪一型号的车、多大的公寓?大家是否认为自己从家族财富中获取的份额是一样的,自己在接受和使用这笔钱时又是否受到了公平对待?这几个问题可能比较敏感,想获得答案还是要靠我们前面推荐的一对一讨论的方法。

代际观点

在你的家族里,几代人对家族企业都有什么样的看法?

在之前与我们合作的家族中,我们经常看到巨大的分歧。几代人对于家族成员应该在多大程度上"亲自"参与企业经营,以及企业对家族的意义,往往意见不一。例如,和创始人最亲近的下一代人,可能会秉承创始人的许多初心抱负,而之后的两、三代人,可能就不太愿意再为家族企业奉献自己的人生与精力了,这仅仅是因为他们对企业最初的理念没有那么深的感情。重大的社会变革也会使下一代人不再愿意对家族企业高度投入。例如,北京大学的一项关于中国企业继承方案的研究显示,大约80%的下一代家族成员"不愿意"接手家族企业。[6]

几代人对于企业创始人的最初愿景,投入程度也有所不同。

创始人可能梦想着主宰钢铁行业，因此围绕钢铁建立了整个企业，但在下一代人看来，钢铁产业已经过时了。当国家终于摆脱殖民者，独立起来时，创始人可能想让企业致力于国家建设，尽管这样做会让企业缺乏国际竞争力；然而在全球化时代长大的这一代人，对于为了国家建设而维系企业可能并不感兴趣。在不同历史时期成长起来的一代代人，或许不愿意与某些地区的商业伙伴合作，又或许会延续创始人建立的伙伴关系。

在你的家族里，几代人对企业的态度与看法有什么不同呢？

对企业的看法

如果让家族成员思考一下自家企业与商业领域，他们会想到什么呢？是不是企业的某些业务显得既现代又"高大上"，而其他业务则显得"破败不堪"？企业的哪些业务在某些人看来价值更高？例如，有机会塑造公共形象的企业或商业业务，可能在十分渴望公众认可的家族成员看来价值千金；可以对社会产生积极影响的业务，比如赋能员工、解决环境问题，在部分家族成员的眼中，其价值绝非金钱可以衡量；而对其他人来说，创始人留下的产业则有更高的情感价值，承载着家族的尊严。

家族成员可能十分尊重自家企业及其带来的利益，但却不喜欢这家企业和维持企业运转的必要工作。在家族企业里工作的家族成员喜欢他们的工作吗？他们对企业的态度和自己的个性又有何关联？

在研究这些问题时，你要时刻谨记：重要的是你得努力去准确了解他人的看法，而不是想当然地把你自己的看法当作别人的看法，草草了事。和解决其他诊断性问题一样，你可能需要多花点时间找家族成员进行一对一的谈话，或者组织几场小组交流，以准确地了解家族成员的想法。

风险规避

你的家族如何看待风险？或许有些家族成员愿意押上自己的职业生涯和家族企业，为新公司或者家族企业的新产品来一场"豪赌"。而其他成员则可能更为保守。对于究竟可以承担多大风险，家族内部有没有达成大致的共识呢？

家族成员愿意承担的风险类型也不尽相同。例如，家族企业会不会赌上自己继承的产业，与新的伙伴合作开展一个高知名度的项目呢？家族成员的风险偏好又是什么样的？

思考题：描述家族与企业的关系

回顾家族与企业的关系，并思考下列问题：

- 眼下，你的家族与企业之间最显著的脱节发生在哪里？
- 这脱节能够靠企业现行的运营方式解决吗？还是说脱节发生在无法轻易改变的根本性问题上？
- 家族想从企业中获得的（或者说家族的目的）与企业现在能提供的匹配吗？
- 针对家族与企业互动、互相了解的方式，如果让你改变，那会是什么？

企业特征：我们的企业是什么样的

第二个问题直击要害。虽然企业的一些问题在家族眼里是显而易见的，但我们观察到，收集企业的战略信息很少被当作优先事项。家族往往会陷入惰性之中。和个人一样，企业每天都顶着巨大的压力，需要先处理紧急事项，因此无暇顾及真正重要的事情。在考虑对家族与企业的互动方式做出重大改变之前，你先要对企业有最新的了解，这一点至关重要。

在描述企业特征时，你要分别考虑家族名下的不同企业，以及各个企业的不同部分（比如渠道、地域、产品）。各个企业及其商业业务的成熟度、规模、前景、家族所有权和外部环境可能天差地别。而它们的区别也可能是在无形的领域，比如对家族的贡献。在考虑重大问题的时候，这些区别非常重要，比如要不要拆分业务或者改变经营模式，而单凭利润、营收、市值等高级指标，并不能反映其中的差异。企业里存在一些可能会影响家族成员对企业的好感的因素，这些因素需要特别关注，比如员工数量、办公室及其位置，以及公司的公共形象。我们从五个维度展开讨论，你可以根据它们来确定家族企业的特征：基础、规模与成熟度；灵活性与依赖性；协同效应；所有权结构；未来展望。

基础、规模与成熟度

在描述家族企业的特征时，你首先要考虑企业的三个基本属性：基础、规模与成熟度。

你的家族企业建立在什么基础上？这可能是竞争优势的来源，

也可能是商业模式的基础。在一家经历了数代人传承的家族企业中，其根基可能是一位有传奇色彩的创始人，他排除万难，终获成功，也可能是无可挑剔的家族声誉，还可能是创始人的第一家公司所做出的成就。这个问题可能会衍生出很多问题。比如，你的家族企业是不是资本密集型企业，需不需要对设备与土地进行高水平投资，是不是建立在一个无与伦比的分销网络之上。或许你的家族企业是技能密集型的、依靠专业型人才（比如股票交易人、投资银行家）的企业。新型企业可能会严重依赖科技能力或数字产业能力。

在考虑这些问题时，你很可能会发现，你的家族企业旗下的某些公司或部门有着完全不同的基础，因此需要不同的人才，这一点我们会在第七章详细展开说明。

从集团、企业联合体或单个公司的层面来看，你的家族企业规模如何？你的家族在谈论企业规模的时候，最常用的衡量标准是什么？了解企业规模能帮助你理解自己所面临的所有权与管理权难题。

企业规模可能是最容易评估的指标了，只要收集现成的企业数据就行。而衡量规模的指标可能包括一些标准的经济指标，比如营收、利润和市值。其他的还有企业资产（比如办公室及其位置、生产单位、许可证）、员工、产量、客户数量、全球网络，以及每年采购物料与服务的价值。

在你的家族企业里，哪些部分已臻于成熟，哪些部分还尚在发展中？哪些部分现在本应成熟，但却仍挣扎在巩固地位与完善流程中？评估企业或分支机构的成熟度，需要先评估企业经营的风险与不确定性、企业在应对外部情况时的效率和达到的效果，以及商业流程与组织文化的完善度和一致性。

判断企业的成熟度还有一个懒办法，就是看企业已经经营了多少年。不过，看一看自己的人际圈，你也能知道，年纪和经验并不能画等号。企业经营得久，说明它适应了其所处的环境以及客户行为，有一定的经济价值，但并不见得就是成熟的。

衡量企业的成熟度需要我们进一步深入研究企业内部。内部的组织环境是什么样的？想要在企业内做成事，是需要每天演练，还是需要家族元老一声令下？这有没有既定的业务流程，还是说基本上看个人好恶？竞争对手觉得你们成熟吗？给你们投资会不会被认为是有风险的？

灵活性与依赖性

要审视企业，自然不能漏掉企业内部的灵活性与依赖性。灵活性指的是，企业在应对始料未及、没有预案的突发状况时，是否游刃有余。企业有没有僵化，能否应对所处环境的动态变化？

本书付梓时，正值新冠肺炎疫情肆虐。你的家族企业对此有何应对妙招，这正好能看出其灵活性与依赖性。你们能够轻松地转变运营方式，以应对公共卫生要求吗？供应链中断给你们带来了多少困难？在对企业运营最重要的几个核心部门中，你们有多依赖家族成员在现场指挥？

一个判断灵活性的方式是检查企业对内部与外部利益相关者的依赖性。企业到底有多依赖某些投资者、供应商、员工、客户或监管机构？为了保住在企业里的权力，家族是怎么和大投资者打交道的？当供应商和客户的能力或者偏好发生变化，你们供应商与客户的基本盘足以应对吗？你们是如何维持士气或者打造理想的企业文化的？是基于对少数人的个人崇拜，比如家族企业的创始人，还是通过内部的制度化方式？企业的关键职能部门聘用的是否都是稀缺性人才，而这些人才在短时间内是否无可替代？基于在政治潮流下随时可能改变的法规或许可，企业在国内与国际市场上能否保持竞争优势？

你不要用简单的"是"或"不是"来回答这些问题。我们希望你可以把灵活性和依赖性看作一种梯度。你是高度依赖，还是高度独立，抑或是处于居中位置？关键在于要找出那些你需要注意的界限，万一企业的依赖性突破了这些界限，很可能会造成重大的业务中断。

协同效应

在企业内部，依赖性可能是限制，而协同效应则是机遇。无论是在家族集团的几个公司之间，还是在公司的各部门之间，协同效应都能产生"一加一大于二"的效果。所以，在考虑如何组织和管理企业才能最有效地避免冲突时，一件很重要的事是，你要弄清楚哪里存在协同效应，以及重新拆分或合并业务会产生什么后果。你怎么保证协同效应不会就此消失？

你的家族企业中都有哪些类型的协同效应？协同效应涉及诸多内容，比如一般物料或原材料、基础设施（包含工厂、仓库、不动产、数字设备）、物流、职能部门（包含人力资源部、财务部、销售部、法务部、合规部），还体现在企业与客户、供应商和合作伙伴的关系上。有些家族既拥有企业又参与管理，在这些家族里，协同效应还可能出现在特定家族成员间的工作关系中。要确定你的家族企业中到底有哪些协同效应，或许可以看看其和主要竞争对手的不同之处，尤其是了解其竞争优势是从哪里来的。

有些协同效应纯属巧合，有些则与企业运营密切相关。哪些对你的家族企业的成功至关重要？某些协同效应是否应该被置于单一所有权或领导权的保护伞之下？能否通过制定参与规则来保证关键的协同效应不变？

所有权结构

所有权结构对企业内部的决策和激励都有影响。你的家族企业持股情况如何？如果你只有一家公司，答案就很明了。但是在大型的家族企业联合体中，股权问题非常复杂。你的家族企业的所有权结构是有意设置的，还是长期以来都放任不管，任其随意生发的？所有权结构与企业内部的投票权或决策权相匹配吗？

以斯里瓦斯塔瓦集团为例，马亨德拉设计了一套复杂的交叉持股方案，以为这样就可以避免孩子们草率决策。家族成员持有家族控股公司——帕里瓦尔[①]投资公司的股份，该公司又持有集团旗下各公司的股份。有些公司，比如破碎机公司，还会持有其他公司（比如硕业公司和建力公司）的股份，而有些家族成员也在这些公司里直接持股。因此，虽然从法律上看，它们都是独立的

---

① "帕里瓦尔"在印地语中的意思是"家庭、家族"。——译者注

公司,但建力公司做出的重大决策也可能会影响破碎机公司。

> **练习:股权分布图**
>
> 为了直观地了解企业间的关系,你可以画一张显示所有权的股权分布图。这张图涵盖家族成员持有的股份,以及集团控股公司持有的股份,但前提是它要适用于你的家族。像与我们合作过的一些家族一样,你可能会惊讶于自家的股权结构竟然复杂到如此程度。

未来展望

你和你的家族对企业的未来有什么期待?你的企业是处在一个市场高度细化的夕阳行业,还是处于多元化的朝阳行业,抑或是二者都有涉及?针对企业的某一部分,基于数据分析的前景是否和家族成员的认知大相径庭?

虽然企业的未来展望总有一定的推测成分,但我们在预测前景时还是要调研三个主要因素:企业的增长趋势、可能影响企业的宏观经济调整,以及竞争格局的变化。在衡量企业是增长还是下降时,你除了要考虑营收和利润,还要考虑客户数量、多样性和留存率方面的趋势。在宏观经济调整方面,你可以仔细留意企业从事经营活动的国家的经济趋势、客户行为与购买模式的变化,以及技术演变可能带来的影响。最后,和许多企业的战略练习一样,你要了解你的竞争对手是谁,其情况如何,今天其面临的准入壁垒有哪些。随着政府法规、资本可用性以及人才稀缺性的变化,这些壁垒又可能有何变化?你们有什么竞争优势,比如家族名声,这是别人没有的吗?

> **思考题:企业特征**
>
> 思考一下企业的特征:
>
> - 你会怎么描述自己的企业如今所处的位置?企业在各个领域是否处于不同的成熟阶段,或是在各个领域有不同程度的依赖性?
> - 你的企业中存在哪些关键的协同效应?这是否让企业比其他竞争对手更具优势或者独树一帜?
> - 总体来看,你的家族如何看待自家企业?
> - 你对未来最大的担忧是什么?最大的机遇呢?

描述企业生态

家族企业的生态对企业决策、机遇与限制都有巨大的影响。正如各民族国家有不同的历史、经济、文化和政府,企业所处的营商环境也是繁杂、各具特点。在不同国家,甚至连资本主义的基础都不尽相同,各国的产业关系、教育、职业培训、公司治理以及企业关系都存在很大差异。[7] 了解你们企业的当地生态非常重要,尤其是现在许多管理建议都来自少数富裕的西方国家,而其企业生态和新兴市场以及亚太地区的企业生态迥然不同。

针对最后一个话题，我们建议你从以下四个方面入手：

- 国家与监管环境的稳定性。
- 员工与行业关系。
- 集资能力。
- 企业之间的关系。

国家与监管环境的稳定性

家族企业形态各异、大小有别，专注的产业也有所不同。历史上，在一些地方，比如拉丁美洲，家族企业多样化经营的一大动力就是，独裁者或准独裁者威胁要将某些产业国有化。因此，许多家族都开始多样化企业经营，建立起大型企业联合体，将经营范围扩大到一些看似毫不相干的行业，避免把鸡蛋都装在一个篮子里，以应对不稳定的政府。[8] 在其他国家，比如韩国，一些家族企业在政府的监管下，得到了大力支持与保护（包含直接投资、进口管制）。相反，"许可证制度"（license raj）时期的印度对特定商品的生产实行严厉的限制。

监管中有一个领域，值得我们特别关注，那就是管理财富及其在家族成员中转移的政策。这与我们将在第四章探讨的"谁拥有什么"的问题不一样。继承、撤资以及财产转移相关的法规，会对企业的所有权结构产生实质性影响。例如，继承股份是否等同于继承了家族内相应的投票权？为了让家族成员在转移财产时不负担重大税务，他们是否必须通过信托持股？要处理家族企业内复杂的持股情况，可能存在的一大障碍是名目众多的税收。

了解监管制度及其稳定性，对企业决策来说至关重要，尤其是在政权更换频繁或政治高度动荡的国家。即便是在政府相对稳定的国家，如果对于成功的家族企业，民众怨声鼎沸，比如韩国财阀名下的企业，那么监管部门也可能会采取行动，以削弱巨头家族的权力和份额。所以，当前公众对于你们这样的家族企业的看法如何？他们的看法又会怎样影响你们的所有权结构呢？

员工与行业关系

第二个值得仔细研究的要素是员工与行业关系。对企业来说，能抓住哪些机遇，一个重要因素就是人才供应，以及员工如何与雇主协商或合作。

在和新兴市场的企业领导者合作时，我们常听到他们对人才流失和人才匮乏的叹息。企业领导者认为自己的企业在创新、拥抱数字未来，以及为老企业注入新思想等方面屡遭掣肘。明显的人才匮乏的局面会刺激家族企业收购初创企业，大力投入以招揽海归人才，甚至放弃企业的雄心抱负。你的家族企业有没有受到人才供应的制约？如果有的话，那是如何制约的呢？如何让现有的人才状况与企业的需求和期望相匹配？你是在寻找具备高度专业化技能的员工，并希望终身雇用，还是只招掌握普通技能、干几年就走的员工？

纵观全球，许多劳工组织的集体谈判权都大不如前。然而，在某些行业，它们仍然能够对企业运营构成可接受的约束力。在你的国家和你的家族企业所处的行业，劳工关系是什么样的？工资和工作条件是国家、地区或行业统一制定的,还是由企业自己和员工协商制定的?行业关系是如何影响你的企业的,比如企业和工会的关系、企业和有组织的劳工团体的关系?家族关于企业所有权的相关决策对员工与行业关系又有什么影响?

集资能力

缺乏集资能力会限制企业的增长、阻碍最佳商业计划的实施。对你的企业来说,为新项目筹集启动资金是否容易?英、美这样的高收入国家为企业集资提供了一系列基于股权和债务的可选项,但在新兴国家,集资要么十分有限,要么成本太高。在一些市场上,个人担保也是必不可少的,可在此情况下,上市股份公司更像是家族企业,而非公司的资产。

在家族企业内,集资有时是争论的一大焦点。最可行的方式就是让公司上市。但这一决定可能会让公司的管理情况发生剧变,还可能削弱家族对企业的掌控权。对已经上市的家族企业来说,集资能力的高低可能会影响家族出售额外股份、稀释家族所有权的决定。你的家族在集资时遇到了什么问题?你们国家的货币兑美元或欧元的汇率的波动对企业的集资能力有何影响?

企业之间的关系

最后,在你家族企业的商业生态中,企业间的关系如何?是像美国企业那样高度竞争,还是像德国企业那样合作共赢?[9]例如,如果有一家供应商现在的日子不好过,那么你的企业是会帮助它,提供信贷或豁免债务,并把它当作家族企业的一分子来对待,还是会迅速舍弃它,寻找下家?

企业关系还要看同一行业的各家企业是否团结合作。你能否指望其他企业和你共享信息，或者与组织行业协会共同应对棘手的问题，比如建立新的行业基础设施，或共赴新市场？同一行业里的各家公司是否实行寡头垄断，将权力集中在少数人手中，而把其他人拒之门外？

> **思考题：企业生态**
>
> 了解企业生态，可以让你系统性地调查和研究束缚企业、影响所有权决策的外部制约条件。企业生态的许多方面都不是你能直接控制的，但你可以在做出商业决策前，充分考虑这些制约条件。思考以下问题：
>
> - 你的企业之所以能成功，最依赖的是哪些规章制度？
> - 描述一下贵公司的员工关系以及人才供应情况。
> - 为企业集资有多难？
> - 同一行业里的各家公司如何合作，又如何竞争？
> - 企业生态中的哪些方面给你的家族企业带来的制约最大，或者最让你的家族企业担心？

注释

1　Munjal, Sunil Kant. *The Making of Hero: Four Brothers, Two*

Wheels and a Revolution That Shaped India. Noida, India: HarperCollins Publishers India Pvt. Ltd., 2020.

2 Munjal, Sunil Kant. *The Making of Hero: Four Brothers, Two Wheels and a Revolution That Shaped India.* Noida, India: HarperCollins Publishers India Pvt. Ltd., 2020.

3 Carlock, R., and J. Ward. *When Family Businesses Are Best: The Parallel Planning Process for Family Harmony and Business Success.* 2010th edition. New York: Springer, 2010, 27.

4 Yuriko, Koike. "Why Inequality Is Different in Japan | World Economic Forum." World Economic Forum (blog), March 2, 2015. https://www.weforum.org/agenda/2015/03/why-inequality-is-different-in-japan/.

5 For example, see Carlock, R., and J. Ward. *When Family Businesses Are Best: The Parallel Planning Process for Family Harmony and Business Success.* 2010th edition. New York: Springer, 2010; Vries, Manfred F. R. Kets de, Randel S. Carlock, and Elizabeth Florent-Treacy. *Family Business on the Couch: A Psychological Perspective.* 1st edition. Chichester: Wiley, 2007.

6 See Rodionava, Zlata. "Chinese Children Are Refusing to Take over Their Family Business." *The Independent*, September 3, 2015, sec. News. https://www.independent.co.uk/news/business/china-family-run-companies-face-succession-issue-10484918.html.

7 See Hall, Peter A., and David Soskice. "An Introduction to Varieites of Capitalism." In *Debating Varieties of Capitalism: A Reader*, edited by Bob Hancké. OUP Oxford, 2009.

8 See Schneider, Ben Ross. *Business Politics and the State in Twentieth-Century Latin America.* Cambridge University Press, 2004.

9 See Hall, Peter A., and David Soskice. "An Introduction to Varieites of Capitalism." In *Debating Varieties of Capitalism: A Reader*, edited by Bob Hancké. OUP Oxford, 2009.

第三章
情感冲突：软性问题

没有什么是比感情受伤更痛的了。当身份认同和被爱的感觉受到威胁时，这会让我们的内心震颤，做出各种我们从未想过自己会做的事。这些影响可能要花几年的时间才能消除，甚至和身体受伤一样需要治疗。对于经营企业的家族来说，家族成员间的情感伤害可能会波及其所掌控的公司。

在斯里瓦斯塔瓦家族，马亨德拉偏爱某些家族成员，让他们在企业里担任特定职务，由此滋生的嫉妒情绪伤害了几代人之间的关系。许多经营企业的家族都是这样，家族族长或掌门人会指定成员出任企业的领导者，这种给予常常被视作一种表达爱的方式。马亨德拉的孙子卡尔蒂克是一位严肃古板的工程师，他对只大自己五岁的叔叔赛满怀嫉妒与蔑视，这是因为马亨德拉把家族里唯一一个私营公司的领导权给了赛。他想不通，即便赛酗酒成性、未婚生子、小报上负面新闻满天飞，马亨德拉为什么还是这么爱他？卡尔蒂克一辈子都在努力赢得祖父的青睐，但迄今为止，他得到的最高职位也不过是在一个职业 CEO 手下做高级副总裁。

家族里的不公平对待让马亨德拉的大女儿南迪尼和小儿子赛之间的关系也十分紧张。家族里有一条大家都心照不宣的规则,那就是不可以影响家族的公共形象。每次赛因为里本金融公司以外的事出现在新闻里,比如和当红明星们开豪华派对,马亨德拉都会赶紧花钱打点这些媒体,让它们删掉网上的消息。相反,南迪尼却可以带着马亨德拉的祝福去竞选公职,频频出现在各大报纸、杂志上。对于赛来说,这显然不公平。

我们和许多家族及其企业共事过。从我们的观察和经历来看,家族内部的许多甚至大部分破坏性问题,都是由软性问题引起的。这些问题是藏在水下看不见的冰山,此前写家族企业的作者也只是一笔带过。根据以往的工作经验,我们相信,一个家族如果没有太多的软性问题,并且内部有明确的软性规则,那么在解决产生实质性后果的硬性问题时会更加游刃有余。

在本章,我们将通过四个关键议题来解读软性问题:

- 如何定义软性问题?
- 软性问题的出现都会打破哪些未言明的软性规则?家族成员违反规则的动因是什么?
- 如何通过塑造家族文化、阐明软性规则,来积极地防止软性问题引发冲突?
- 当家族成员之间就某条软性规则产生了矛盾,家族该如何回应?如何解决?

考虑到不同地区和家族的文化规范与传统各不相同，想要靠"放之四海而皆准"的办法来解决软性问题是远远不够的，甚至根本行不通。因此，我们不会推荐太多具体的软性规则供家族采纳。相反，我们会聚焦于家族文化和程序，因为我们明白弄清楚这些事，家族就可以制定适合自己的软性规则了。

定义软性问题

情绪会战胜逻辑。——某家族企业创始人

在家族企业中，软性问题是引起破坏性冲突的最大导火索。软性问题直接涉及我们的身份认同，以及我们对自己在世界上的位置的认知。我得到的爱和我的兄弟姐妹们得到的一样多吗？我的侄子喜不喜欢我？我筚路蓝缕创办了这家企业，给了子孙们更好的生活，但他们尊重我一路走来所经历的艰难困苦吗？

软性问题源于我们最深层次的心理需求，比如安全感、自尊心、发挥自我潜能。这些需求往往基于认知，而非可检验的客观现实。鉴于这些问题可能对我们的世界观造成剧烈冲击，因此其可以激发强烈的情感，比如愤怒、恐惧或深感受伤。

软性问题与身份认同和个人情感紧密相连，不是一缕阳光或者换个风景就能解决的。软性问题是系统性的，是家族关系这个大系统的一部分，会受到家族成员间其他冲突的影响。[1]也许家族中总有那么几个人争吵不休。疏导这些涌动不止的"暗流"，对于塑造一个使家族和企业蓬勃发展的环境至关重要。

究其根本，软性问题就是对某人违背软性规则的情感反应。有的软性问题会在家族成员违反行为准则或行为规范时出现，例如在家中长辈走进来时应该站起来，或是结婚时需要请求族长的允准。有的软性问题则是家族成员间相互攀比的产物。无论哪种情况，都是因为现实偏离了预期，或者说是偏离了家族成员自以为应得的待遇预期。值得注意的是，家族成员间显著的不公平待遇，比如家族领导者对待几代人的方式各有不同，并不一定会引起软性问题，除非受到的待遇偏离了某些人的预期。

各类软性问题及例子如下所示。

违反行为准则或行为规范导致的软性问题有：

- 感觉缺乏爱与关照。
- 粗鄙、伤人或侮辱性的评论（直接攻击或被动反击）。
- 被排挤在家族活动之外，无权入场（感觉自己像外人）。
- 不遵守文化规范与象征性规范（比如和长辈顶嘴、公然与长辈唱反调、年轻人在桌上坐主位、触碰其他家族禁忌）。
- 个人抱负得不到家族的尊重、认真对待与支持。
- 故意欺骗家族成员，导致个人失信。
- 即便对方已经真诚地道歉并做出改变，依旧斤斤计较、不肯原谅。

家族成员间相互比较导致的软性问题有：

- 对比不同家族成员的表现、技能或能力（比如某位表亲比其他表亲聪明多了）。
- 家族成员适用的行为标准不同（比如表亲甲在顶尖大学，家里人要求他各门成绩全优，而表亲乙的成绩不好就没关系）。
- 认为某人没有得到应得的东西，但其他人却得到了。
- 认为家族更关心某一个人或某一群人（比如家族族长最喜欢的人）。
- 家族给个人的灵活性与自由度不同（比如某个后辈被强制要求进入自家企业，而其他人则不用）。
- 建立公共形象的权利与能力不对等（比如通过媒体互动或在外部机构中代表家族）。

你还能想起在过往的家族软性问题中，有哪次自己是受害者吗？也许某位表亲的孩子年轻有为，刚刚在美国读完工商管理硕士，回到家却看不上你在家族企业里兢兢业业工作三十年的专业经验，这让你感觉受到了侮辱。也许你的孩子曾在大庭广众之下和你顶嘴。当然，在这些问题中，你也可能是施害者，比如对自己的几个孩子没有做到一碗水端平。除此之外，你在家族中还看到过哪些绝对的违规行为？

从我们和亚太地区诸多家族合作的经验来看，许多软性问题引发的冲突，若未能得到及时解决，很可能会演变为硬性问题的冲突。例如，因某位家族成员的不尊重或恶劣对待而产生的积怨和情感伤害，会影响未来的股权转让或长期的企业经营合作。在某些家族中，软性问题会极大地影响创始人做出让哪个孩子领导并控制哪部分家族企业的决定。

让我们来看一下斯里瓦斯塔瓦家族的这个例子。马亨德拉是企业的创始人，也是工作狂；在阿比吉特小的时候，马亨德拉每个工作日都会工作很久，周末也至少会工作一天。因此，马亨德拉几乎错过了大儿子童年所有的重要活动，比如板球比赛和学校活动。即便马亨德拉真的花时间和大儿子在一起，一般也都是把他带到办公室，给他安排点琐事做，比如擦公司的公告板，然后自己趁这会工夫赶紧给一周的工作收个尾。

和父亲有些疏远的阿比吉特，从小到大都把在家族企业里努力工作看作博得父亲的爱与关心的唯一途径。直到父亲去世前，他在斯里瓦斯塔瓦集团的所有努力，都是为了获得赞许与认可，以此填补马亨德拉在他心里留下的空洞。他之所以对妹夫郁夫的成功那么鄙夷，是因为马亨德拉对郁夫的爱让他心生不安，并想要通过自己在企业里的表现来赢得父亲的爱。

斯里瓦斯塔瓦集团能拥有这么多家公司，郁夫功不可没，所以马亨德拉自然会花大把时间和他一起工作。对二人关系的嫉妒吞没了阿比吉特，也破坏了他和妹妹瓦什纳维的关系。多年来，阿比吉特在家族聚会上没少挖苦郁夫，不叫他名字，只叫他"FC"（英语"最喜欢的孩子"的缩写）。他还开玩笑般嘲讽道："如果让郁夫再多点公司控制权，那么斯里瓦斯塔瓦集团就得在东京证券交易所注册了。"

马亨德拉的死并不会让这些软性问题烟消云散。他去世后，谁来接过领导位置、经营家族企业？那些软性问题不解决，还是会引发冲突。阿比吉特会因嫉妒而报复郁夫，还是会承认郁夫确实在家族里举足轻重，并让他继续领导？阿比吉特和郁夫的关系会怎样影响家族对瓦什纳维所做的最终决定？她的化学式对家族财富贡献巨大，家族要不要补偿她？她想在企业内担任领导职务，家族会不会允准？

想到软性问题，你会有哪些情绪？人都想要逃避不舒服的感觉，这是天性使然，所以你会转移注意力，或者干脆忽略这种感觉。但我们鼓励你深入探究，以更好地了解你对其他家族成员的情感背后到底有哪些推手。若能充分解决软性问题，硬性问题就不太可能产生敌意。

软性规则与违反软性规则

虽然是隐性的，但家族成员对软性规则一般都心照不宣、十分了解。孩子在成长的过程中，会把软性规则视作家族内部的行为标准，同时将这种标准带到企业中去。然而，随着家族扩张，经年累月，经历过多样化的社会环境、文化环境和商业环境，这些软性规则可能会逐渐模糊。一般来说，大家都是在无意中违反软性规则的，由此对他人造成的情感伤害也往往不会重视。

什么是软性规则？是那些一旦被打破就会转化成家族内部冲突的规则。在你的家族中，你们认为哪些规范是"理所当然"的？家族成员为什么要打破规则？为什么会打破规则？接下来，我们会深入探讨这些问题。

什么是软性规则

> 成功往往会影响别人，哪怕他们不觉得这有什么。
>
> ——某家族企业支持者

软性问题的起因是有人违背软性规则。软性规则是管理家族的非正式规则，即不成文但普遍遵守的行为规范、惯例、习惯以及家族成员共有的重复性行为。[2] 这些隐性规则规定了家族成员可接受的行为，主要涉及文化规范与象征性规范。印度家族可接受的行为和中国家族的大不相同。

一旦有人违反了这些家族内部的非正式规则，就会激起情绪。违背过的规则会变成"问题"，从而引起家族成员的情感反应。

究其根本，家族内的软性规则就是对家族成员交际、相互影响的方式的期望。这些规则在家族内和企业里都适用。虽然各家有各家的软性规则，但有三个特点是共通的。第一，软性规则都是基于对家族成员的爱意、尊重、公正性（内容公正与程序公正）与公平对待的考虑而制定的。第二，软性规则随时间、社会、家族的发展而变化。规范会逐渐演化，现在可以接受的，将来可不一定。家族当地的社会与文化传统上所普遍接受的行为，会极大程度地影响家族的软性规则。第三，违反软性规则会产生情感反应，如不解决，会演变成家中不和。而因为家族成员不会轻易选择离开家族，并且往往希望避免正面对抗，所以这些问题时常会发酵升级。

你可以把软性规则理解为一些惯例,一旦被打破就会产生软性问题,例如:

- 公正、公平的规范,比如对所有家族成员一视同仁,大家都是家族企业的平等受益者,家族里哪位经理为企业发展做了什么贡献就会变得不重要。
- 尊重的规范,比如维护家族传统。
- 自由,比如允许孩子自行选择职业道路。

以斯里瓦斯塔瓦家族为例,大女儿南迪尼对大哥阿比吉特的信任每况愈下,因为他拒绝关停破碎机公司的采矿业务,而南迪尼则坚信采矿会对环境造成不可挽回的破坏,还会损害工人的健康。她无法接受自己的哥哥对自然界和人类同胞如此漠不关心。

马亨德拉和妻子亚米尼从小就教导孩子们要尊重自然,带他们去世界上很多珍贵的自然栖息地旅行。很少有孩子像他们一样,游历过亚马孙雨林、加拉帕戈斯群岛、马达加斯加的丛林和印度尼西亚群岛。马亨德拉在掌管破碎机公司的时候,十分重视要尽量保护自然环境,尊重当地人的神圣之地。

十二年前,马亨德拉离开了破碎机公司。从那以后,阿比吉特取缔了所有有损利润率的做法。在南迪尼看来,他已经变成一个脑子里只有公司的怪物,甚至对家族内最基本的一些规范都不屑。因此,她对阿比吉特也毫无尊重可言,如此一来,关于斯里瓦斯塔瓦集团的未来的谈判也将变得剑拔弩张。

你的家族有哪些软性规则？有没有哪些家中长辈共同遵守的习俗让年轻一代非常抗拒？哪些行为在年轻人看来是挺有趣的，但在长辈看来却十分可憎？反过来呢？

违反软性规则的动因

如果大多数家族成员的目标都是保持和谐、避免冲突，那么他们为什么还要违反软性规则，激起矛盾呢？虽然大体上，所有家族成员都了解自家的软性规则，但软性规则对于维持家族和谐到底有多重要，大家仁者见仁，并且内化的程度也不相同。年轻一代可能不理解或者不接受家族企业创始成员们共同遵守的软性规则。一些家族成员可能会觉得自家的软性规则不公平、束手束脚或者根本就不合理，但他们却不愿意敞开谈这些规则背后的传统或价值观。因此，大家都是偷偷摸摸地违反家族的软性规则，而不是光明正大地这么干，不过这倒也不足为奇。

我们在和许多家族的合作中，观察到了五个家族成员违反软性规则的共性原因：信任与尊重的消磨、家族惯例的错位、价值观冲突、人生经历不同以及性格不合。这些动因中有许多都不能简单地以"对错"蔽之，甚至都算不上是故意的，它们只是生活的一部分，是事实。例如，在进入家族企业之前，接触过不同的工作方式，不算是什么坏的或错误的选择，但这的确有可能导致个人在无意中掌握不同于家族惯常的工作方式。

家族领导者需要用智慧和强大的掌控能力来处理违反软性规则的行为。了解此类行为发生的原因是管理软性规则的关键，只有这样才能及时发现并解决问题。了解了原因，家族就可以清楚地阐明软性规则，并就此展开更广泛的交流。

第一个原因是信任与尊重的消磨。这通常是因为一个有权势的家族成员做出了在别人看来是有问题、不公正或不道德的决定。为什么有的成员被送到了私立寄宿学校，而有的则被留在当地学校？某人和他的两位兄弟（姐妹）共同拥有家族企业，为什么他的女儿能得到创业的种子资金，而其他人却没有？

若有人被认为对家族中的某位成员有不公平的批评或恭维，也会损伤信任。如果孩子觉得，无论自己说什么或做什么，父母都不会给足关爱，那么他们对父母的信任就会减少。同样，小错严惩也会降低信任。

看起来只约束一部分人的规则、不聚焦于共同利益而做出的决定，也会消磨信任。你是否见过有的家族领导者做的决策只顾个人私利，尽管这些决策会影响整个家族？鉴于信任是一切亲密关系的基础，信任消磨完了，家族成员就很难再亲密起来，也无法"患难见真情"。这些问题迟迟不解决，就会随着时间的推移慢慢发酵。

第二个原因是家族惯例的错位。家族成员应遵守根深蒂固的家族惯例或规范，但几代人，甚至是同一代人，都可能对这些惯例或规范有意见。情人眼里出西施——公平与否也取决于个人。如果有家族成员认为，围绕年龄、性别或非血亲关系建立起的规范已经与时代脱节了，矛盾就会出现。例如，禁止女性管理或拥有企业可能不再被接受。而类似的禁止姻亲、养子、养女和配偶前段婚姻中生下的孩子参与企业的惯例同样会引起不满。企业的成功要归功于谁、如何奖励，也可能会引发冲突。因辛勤工作和商业头脑而得到认可的，是整个家族还是成员个人？家族成员身份的高低是按功绩大小、年龄长幼还是按家谱世系排列的？

第三个原因是价值观冲突。正如我们在第二章提到的，价值观是家族成员恪守的信念，是指引方向的舵盘。家族成员从小就被反复灌输这些价值观，而这些价值观也会受到各种因素的影响，比如家族信仰的宗教和共同的经历，从而不断巩固。然而，随着家族成员逐渐分开（因为大家离得很远，或者社交圈子不同），继续保留这些价值观会困难得多，分歧自然也就产生了。

家族中的价值观冲突并不稀奇。有人认为利润高于社会责任、高于人性化的工作环境，而有人恰好持相反意见。此类分歧也会延伸到家族成员的个人生活中，比如花多少钱合适、是选择本地教育还是海外留学。除非我们开诚布公地谈论这些问题，否则家族成员是无法理解对方的看法的。

第四个原因是人生经历不同。由于个人的生活经历不同，家族成员可能会在无意中违反家族的软性规则。孩子们被送出去上学，但等到他们回来的时候，父母和其他长辈却希望他们能重新掌握家族灌输给他们的行为方式。变革性的人生经历，注定会改变一个人与世界互动的方式。父母和孩子可能都没有意识到，这些经历改变了他们多少，而他们对对方的期待又多么不切实际。

接触新观念、新生活方式以及新工作方式，也会影响一个人带回家族和企业的观点。家族成员可能分居全国各地，甚至世界各地,受到各种新因素的影响。想一想,旅行有没有改变你自己的生活和观点?

与来自其他文化、种族或社区的人结婚,以及工作出差、旅行游玩,同样可以让某些家族成员收获不同于家里其他人的观点,从而导致同代矛盾与代际矛盾的产生。最后,在国外或者其他企业里养成的工作习惯,比如休闲商务风的着装习惯、与上级的非正式互动,在家族企业里可能会被视为不敬,这无意间就引发了冲突。

第五个原因是性格不合。在企业管理中,经常会出现个性冲突,这与企业是否为家族所有或管理无关。有的家族成员可能是分析型的,有的则可能全凭直觉行事;有的希望可以达成共识或者让大家都满意,有的则一意孤行,不经讨论就追求个人认为"正确"的答案;有的希望避开新闻界的镁光灯,而有的则想要成为众人瞩目的焦点。你的性格与兄弟姐妹或孩子的有什么不同?你是否曾与家族成员不和,只因你们个性不同?

如果你(以及其他家族成员)没能注意到这些不同之处并予以重视,那么摩擦与怨念将会发酵升级。然而,想了解个性太难了,毕竟每个人都不一样。不过,性格测试可以研究个性在工作场景中的表现,比如迈尔斯—布里格斯性格测试[3]或DiSC性格测试[4]。这些测试可以帮助你明确相互不合的个性类型,并为训练、咨询和指导提供基础内容;也可以用来重新定位个人,将他们安排到最适合自己个性的位置上,从而帮助你在家族企业中充分利用好大家独特的个性。

> **思考题：软性规则与违反软性规则**
>
> 思考一下你自己家族中的这些问题：
>
> - 你的家族中有哪些突出的软性问题？
> - 这些问题与你们家族隐性的软性规则有什么关联？你能列举出你的家族中哪些软性规则最能影响家族成员的行为方式吗？
> - 你会怎样阐明暗藏的或隐性的软性规则？
> - 家族成员有没有哪些惯常的行为或活动，会让他们更容易违反家族的软性规则（比如送下一代出国留学）？
> - 你会采取哪些措施，来弱化家族成员打破软性规则的动因（比如将个性不同的家族成员安排到互补的岗位上，或是毫无交集的位置上，以最小化双方互动）？

防范冲突

圣雄甘地曾说过："未来如何，取决于你今天怎么做。"这句话同样适用于家族企业。要在家族内部防范软性问题引起的冲突，需要家族成员仔细想一想，他们要怎样塑造家族文化、阐明软性规则，才能避免破坏性冲突。接下来我们就来讨论这些问题。

塑造家族文化以防范并解决冲突

如果要你用两三个词来描述你的家族文化，你会怎么说？家族文化和任何组织文化一样，是由家族成员的常规、习俗与日常活动不断定义的。我们可以把组织文化看作"一个特定群体在学习应对问题时，发现、发明或发展出来的关于这些问题的基本假设模型，其行之有效，进而作为正确的认知、思考和感受方式传授给新的成员"。[5]

你会怎样塑造和改变你们家族的文化，以防范破坏性冲突？家族领导者（通常都是族长）肩负重任，想建立并延续家族文化。家族创始人的价值观、信仰与设想是家族文化的三大源头之一，家族成员往往会以家族创始人为榜样，并向其言行学习。

不幸的是，创始人对待他人的方式也可能会破坏和谐的家族文化。作为创始人，你会不会强迫子女、孙辈达到完美或者根本不可能的标准，而对自己一路走来犯下的错误和面临的挑战却闭口不谈？你对待别人，是不是好像他们就该把你经历过的苦难都重新经历一遍，并自认为这样会让他们变得更加坚强？从软性问题的角度来看，这些策略可能会适得其反，比如使得自己与孩子形同陌路，或是让家族陷入瘫痪。[6] 创始人不仅是企业成功的关键，还有责任为家族定下基调，培养出有助于防范软性问题出现的家族文化。

如果你是年轻一代的家族成员，那么你可能会想："是，我也明白家族文化需要改变，但你跟我说这些没用。"其实，家族文化的另外两大源头是家族成员的经历和新一代的想法。作为年轻一代，你可以催动家族变革，并且你的贡献十分重要。我们既要承认家族领导者或创始人做出的贡献，也要展望未来，这是一种微妙但必要的平衡，只有这样才能改造家族文化和家族企业。

与其他组织不同，家族在塑造文化方面有独特作用，父母可以从小就给孩子灌输家族文化。正如一位赞助人和我们所说："父母养育子女的方式在很大程度上决定了家族的成败。对父母来说，掌控好孩子的自我意识非常重要。"如果你有一位表亲从小就要什么有什么，结果长大了还是这样，觉得自己有权从家族企业中得到想要的一切，那么你就知道我们说的是对的。虽然所有人在青春期和成年后都会成长、都会继续改变，但心理学家早就认识到，童年时期奠定的发展基础对一个成年人的行为举止有着巨大的影响。

养育子女涉及家族文化的方方面面，你要让这些文化从小就根植在孩子的心中。孩子在成长的过程中，会在饭桌上听到许多对话，这会塑造他们对家族和企业的看法。在玩耍和日常生活中，孩子能习得家族的价值观，比如正直与公正，这些价值观将成为支撑未来家族企业领导者行动的基石。一个人不拘泥于个人私利，考虑他人需求与愿望的能力、在重大决策上与人达成共识的能力，以及成熟的人际沟通技巧，都源于儿时学到的东西。

你的家族是如何培养下一代家族领导者和企业领导者遵循家族价值观的呢？你不要指点别人怎样为人父母，比如指点你的兄弟姐妹或孩子（没人喜欢这样）。那么，你要如何推动家族常规的变革？

转变家族文化绝非易事，尤其是当你要改变诸多坏习惯时。你可以请外部咨询师来助你一臂之力，让他们与家族成员一对一谈话，或者组织小组活动，比如家族静修。这样你就可以在不引起冲突、对抗的前提下，完成家族转变。例如，我们曾与许多家族领导者合作过，他们跟随行为心理学家参加了几天的课程，以期解决原本还是暗流涌动的问题。

接下来，我们将指出家族文化的几个方面，希望可以帮助你做出相应改进，以避免冲突。我们观察到，彼此高度尊重的家族，会积极听取他人的意见，培养出开放的交流环境与心理安全感。这样的家族可以快速地找出有争议的问题，并一道解决。如果家族成员可以相互称赞，犯错就迅速道歉，那么违反软性规则的行为就不会那么容易让人情绪化，自然也更好修复关系。

相互尊重

如果轻蔑与倨傲是家族文化的一部分，那么想要避免或管理冲突就太难了。如果一个人待人接物的方式总表现得好像自己高人一等，或是更加聪明，就必然会损伤信任。比方说，如果老师在上课前先声明，在他的课堂上"没有愚蠢的问题"，那么你会感觉好很多。哪怕是像这样一个看似微小的表示尊重的举动，也能让人放松下来。为防范并解决冲突，营造相互尊重的环境是塑造家族文化的首要任务。

字典里给"尊重"下的定义是：对一个人、一种品质、一种能力或者被认为是展现个人能力的东西的价值或卓越性，表现出的敬重或感知。[7]通常来说，谈到尊重，人们的第一印象都是年轻一代应该尊重家中长辈。虽然确当如此，但尊重也是双向的。长辈去倾听刚毕业的工商管理硕士有什么想法，哪怕他们对这些想法不敢苟同，对于家族内部防范冲突同样重要。

相互尊重需要实际行动。你能想到哪些行为立即表现出你对另一位家族成员抱有尊重呢？我们可以这样想，普适的表示尊重的行为，其实就是世界上许多宗教和文化中流行的所谓的"黄金法则"：你希望别人怎么对待你，你就怎么对待别人。表示尊重的具体行为包括倾听、确认或肯定、友好、表示感激和服务他人。这些原则同样适用于家中长辈。在此我们引用我们采访过的一位家族领导者的话："长辈不能太专断，必须时刻顾及他人的要求。"

肢体语言也能透露出尊重。[8]在餐桌或会议桌前，表达尊重的方式可能是把头低到对方的高度，尤其是在父母和孩子说话时。另一种表达方式可能是减少占据的空间（比如不要大张手臂到碰到旁边的椅子的程度）。保持面部表情愉悦，不要嘴角下垂，并适当地保持眼神接触（要有接触，但别太久），也可以表现出尊重。在你的家族中，哪些具体的肢体语言很重要？去过很多地方或在海外生活过的家族成员是否也会使用这些肢体语言？

尊重也可以通过特定的文化信号表现出来。在英国王室中，一个深深的屈膝礼或鞠躬可以表现出对君王的臣服。在印度家族中，尊重可能表现为年轻情侣在父母面前克制个人情感。其他文化也有要求年轻人在长辈进来时起立，或者不要打断别人说话，无论对方年长年幼。这些表示尊重的行为可能会随着文化的发展而改变，进而导致几代人之间产生摩擦。

在你的家族中，反映文化、代际预期和表示尊重的行为都有哪些表现？哪些则似乎一直都是绊脚石？

积极倾听与开放式交流

如果家族成员不能直言自己的烦恼，那么焦虑就会累积于胸，最终导致违反软性规则。家族领导者要允许家族成员自如地提出让他感觉不舒服的问题。这样做需要一种积极倾听与开放式交流的家族文化。

积极倾听的技巧，在商业心理学领域已经被讨论几十年了。就算不掺杂任何情绪，我们也并不总是能理解别人所要传达的信息。如果理解了，我们也必须加倍努力来抑制想要立即回复的本能反应，以避免漏掉对方想传达给我们的大部分内容。积极倾听要求我们"走入说话者的内心，从他的观点出发，抓住他想传达给我们的信息……我们必须要让他知道，我们能够从他的角度看问题"。[9]这意味着我们要理解信息的内容，以及内容背后的情感。积极倾听要求我们给予说话者回应、时不时地对他表示肯定，但不要评判他的观点正确与否。

积极倾听虽然表面上看起来很简单，但却是需要习得的技能，而非自然反应。在一般的对话中，我们常常会妄下论断、急于给出回应。而这么做，会让我们错过对方想要传达的绝大部分内容，或者让我们可能只对"事实"做出回应，而忽略了同样十分重要的情绪信息。

基于我们倾听的方式与他人产生共鸣和建立融洽的关系绝非

易事，我们都需要努力。有时，最好的解决办法可能是委派家族中最懂得倾听的人，去和其他家族成员进行艰难的对话。至于长期的改善策略，我们听说有些家族请来了专业人士帮助构建家族成员间的同理心。

积极倾听有助于营造一个开放式的交流环境，能防止冲突暗自发酵升级。家族中，影响开放式交流的有三大因素：家族内是否可以讨论所有话题、家族决策透明度、家族成员间因信息不对称（比如大家各有一部分信息，但都不得见其全貌）而产生操纵与冲突的可能。

然而，家族无论如何努力，都无法避免软性问题。有事就明说，尤其是在有人违反软性规则时，这不应被视作破坏性举动，相反，这恰好是避免冲突升级的法宝。没有什么话题是无关紧要的或愚蠢的，所有问题都应该得到解决。需要注意的一个关键问题是，如果年轻的家族成员提出的软性问题牵涉到家族长辈，比如族长，可能会招来污名。但若是由家族领导者发起开诚布公的讨论，就可以打破沉默，鼓励家族成员表达自己的想法。例如，我们提供咨询服务的一个家族，会定期邀请一位行为心理学家来家中举行静修会，以促进流畅的沟通和有益的讨论。

透明度是影响开放式交流的第二个关键因素。家族内由谁来决策？谁来传达家族领导者做出的决定和想法？透明的交流还应该包含决策背后的逻辑依据，尤其是当这些决策可能会被视为不公平的或违反了软性规则时。全体家族成员的共同参与十分重要，只有这样才能杜绝小道消息、谣言或不准确的信息的传播。

开放式交流还需要家族改变处理分歧的方式，降低操纵的可能性。家族成员是应该展开一对一的谈话，还是在小家族（比如核心家庭或家族分支）的范围内进行交流？例如，我们曾劝说与我们合作过的一个家族，让家族成员不要进行一对一的讨论，以避免出现三角关系。[10] 如果连襟或妯娌之间产生了嫌隙，那么这二人加上各自配偶，四个人应该就这一问题一起展开对话。

要将这些概念付诸实践，就像家族文化的其他要素一样，最好是由家族领导者来带头。当年长的领导者就软性规则展开开诚布公的对话，展示其脆弱的一面时，这能激励其他家族成员纷纷效仿。你会怎样敞开心扉，向他人展现你愿意倾听的姿态？你要如何保护提出软性问题的家族成员？你可以采取什么行动来保证当有人提出软性问题时，家族会充分听取其意见并认真对待？

心理安全

心理安全就是"相信自己虽然犯了错，但不会被惩罚"，这对于防范家族内产生破坏性冲突至关重要。[11] 关于心理安全概念的研究首先应用在理解团队学习方面。对一家制造公司的51个小组的观察表明，心理安全与学习行为有关。[12] 谷歌的亚里士多德项目研究表明，表现突出的团队具有相似的心理安全特征，该项目也因此名声大噪。《哈佛商业评论》指出："心理安全要考虑到适度冒险、说出想法、创造力，以及敢于出头且不怕挨打的魄力。"[13] 如果我们把家族比作一个需要学习和适应不断变化的外部环境的团队，那么心理安全对于防范软性问题的关键作用就很明显了。

关于心理安全的实证研究强调，我们需要建立积极的情感，比如爱、兴趣、快乐与满足，以丰富自身的社会、心理和身体资源。[14]在家族里，当软性规则遭到了破坏，无论是有意为之还是无意为之，这些资源和情感都能让我们更加坚韧。能够巩固这些情感的活动，对建立积极的情感也很重要，比如一起参加无关企业的家族活动。"父母必须确保一家人可以在一起，做一些大家都喜欢的事"，这是一位家族领导者给我们的建议。频繁的非正式互动非常重要，而一年一次的家族度假休闲活动不太可能会成为促成积极情感的源头。

家族有许多方法可以促进心理安全，一些非家族企业的团队用的方法就值得借鉴。[15]积极提问或寻求帮助不仅可以让人有机会说出自己的想法，还可以修复情感上受到的伤害。我们不止一次听到过有家族成员说："我的小侄子（或其他家族成员）来找我帮忙了，真是太好了。"我们也应该允许有深思熟虑后的分歧，家族成员就想法的优劣展开辩论，而非针对持有想法的人，这一点非常重要。你不妨这样想："在这个问题上我是对是错重要吗？"或者"如果我争论赢了，能得到什么？"这些问题可以检验一场争论究竟是否有价值。

你的家族是如何应对错误的？你们会不会因为一点小错就大发雷霆，苛责犯错者。你们会不会鼓励家族成员从错误中学习经验，把失败当作学习的机会，而非惩罚的理由，并鼓励大家尝试新的想法。有错误就要承认，同时说"我犯了个错误"或"我不应该这么做"，这会让你更有人情味，也会让家族成员更愿意向你倾诉他们对家族潜在冲突的担忧。

其他塑造心理安全的方法，都侧重于打造一个支持个人成长的环境，以及培养解决困难的意愿。你会怎样帮助家族成员给出有建设性的反馈？鼓励尽早地、直接地展开对话，能够建立信任，并让家族成员知道他们可以说出自己的想法，无须担心报复或拒绝。此外，家族还要奖励或表彰敢于说话的家族成员，如此一来大家都会纷纷效仿。

感恩

表达感谢不过是一个小动作，却能产生极高的效益。对家族成员表示感谢，有助于存续积极的情感，并确保个人有被重视、被倾听的感觉。许多研究都指出了感恩的诸多好处，比如提高团队内部的相互支持，对生活感到更加满足，甚至对身体健康都十分有益。[16]

你如果对将感恩培养成家族文化的一部分有所迟疑，那么可以想一下：如果家族文化中缺乏感激之心，会发生什么？没有感恩，我们会觉得权力是理所当然的、自己有特权就高高在上，甚至认为一个人应得的财富、权力、物质利益与社交利益要取决于他的家族关系，而非他的技能与经验。

你还记得2014年大韩航空的"坚果门"事件吗？时任大韩航空副社长的家族企业继承人赵显娥，在纽约肯尼迪国际机场殴打了乘务长，并命令客机不许起飞，返回登机口。[17]而这一切竟只是因为空乘给她递上了一包未打开的坚果，而不是把坚果倒在盘子里再给她。之后，赵显娥因危害航空安全，被判处监禁。[18]这个关于"权利是应该的"例子令人震惊,并造成了严重的商业后果,包括对大韩航空的制裁和名誉上的损害,完美诠释了韩国的一个新俚语"甲方行径"(gapjil),即仗着自己有权有势就肆意欺负下属。[19]

另一个例子是,当一个腰缠万贯的企业家的孩子刚刚本科毕业,特别是从海外学校毕业时,虽然他丝毫没有关于现实世界的经验,但由于其在家族中的地位,他会要求在家族企业中直接担任领导职位。家族成员可能会"说服自己他是特殊的,因此值得这样的机会和地位,哪怕他还没有证明自己"。[20] 此般行径可能会激怒经验丰富的家族领导者,让职业经理人对家族的领导选择产生负面看法,为冲突的发生提供完美的条件。

要想祛除家族成员"权利是应该的"的观念,家族可以着重培养一种感恩的精神,即欣赏家族企业的成功,以及成功背后的艰难险阻。我们认识的一些家族会专门花时间教育年轻一代了解家族企业的历史,包括一路走来的跌宕起伏和关键决策。感恩也有助于防范因期望、规范或其他预期让家族成员获利的软性规则所引起的冲突。在家族内部,对彼此和企业提供的特权心怀感激,会让大家有更多的积极情感,同时可以防止出现不合理的期望或破坏软性规则。

道歉

你上次向别人承认错误是什么时候?承认自己错了往往很难,因为这样做会让我们感觉脆弱、无力,打击自我。如果你在无意中违反软性规则,并且还没意识到自己行为的后果,那么道歉就更难了。但是，如果你违反了软性规则，那么一个又爽快又真诚的道歉常常可以解决问题。

在你的家族中，大家是怎么道歉的？是迅速做出补偿，还是掩盖问题？家族领导者会道歉吗？还是会说自己永远是对的，然后将道歉污名化？

首先，家族可以找外部人士或德高望重的长辈来辅导、咨询，培养情商和敏感性。当然还有其他方法，比如将情商模块纳入领导力与绩效的辅导计划，并将其视作家族成员发展计划中的一个优先项。重视情商和认识软性问题的家族，会让其成员有能力以建设性的方式解决这些问题。

对于要承担起责任、做出道歉，一定的情商是必要的先决条件。在有的家族中，年长的领导者不习惯承认错误和缺点，这样的道歉会让人很不舒服。要想勇于道歉的文化扎根于家族，必须把道歉的基因植入家族，同时由家族领袖和年长的领导者反复巩固。家族领导者公开道歉，能让更多的家族成员接受道歉是可行的家族规范。私下的道歉可以建立人与人之间的信任和融洽关系。当家族成员看到家族领导者道歉时，家族所需要的文化变革会更快地到来。

阐明软性规则

为避免在产生情感后果的问题上发生冲突，第二种方式就是阐明软性规则。鉴于许多软性规则在本质上都是隐性的，这就更难了。一般在家族头两代，规模还比较小的时候，家族成员会把软性规则视作理所当然，或者根本注意不到软性规则。随着家族逐渐成长、成熟，就越需要明确大家对隐性的软性规则的期望与解读。阐明软性规则后，误会的空间就小了，家族自然也就规避冲突了。

家族可能需要定期重新审视软性规则。随着社会规范的发展，家族中过去觉得正常、可以接受的东西，可能会受到年轻一代的挑战，并被迫进步。在阐明软性规则的过程中，你可能需要重新思考并纠正一些过时的习俗。

家族要阐明软性规则，可以从以下三个方面入手：公正、公平与不公平的规范，家族内部都尊重的规范，以及与自由有关的规范。下面我们详细展开讨论。

公正、公平与不公平的规范

如果关于公正、公平的软性规则被打破，那么无论破坏规则的这个人有何意图，家族成员都可能会感觉到爱或关照的天平的失衡。与我们合作过的一位年轻的家族领导者说："像哪个兄弟姐妹和父亲更亲近这样的事，都会引发难题，因为这时人们会开始质疑客观的决定。"人们觉得"公正"的事，在严格意义上可能并不公平。例如，家族为所有成员提供教育、医疗和住房，无关其持股多少，这件事可能会被看作是"公正"的。而人们觉得"公平"的事，可能也并不公正。比如，促使家族企业飞速增长的主要功臣领到的报酬却和别人一样。在问题出现前，我们就已经明确了家族成员应有的期望，清晰地阐明这些软性规则，可以在家族内部建立信任。

许多家族内部都存在大量由于先天特征、角色或责任的不同，导致家族成员感觉不公平的实例。这些例子常扎根于家族的社会和文化背景，比如：

- 先天特征：世代（第一代、第二代、第三代）；长子继承制；性别。
- 角色与责任：对企业的贡献；在家族企业中工作的时长；成员个人的公共形象；在家族企业外的职业或生意。

能接受的不公平的基础会随着时间的推移而改变。如前文所述，今天的女性不断挑战"只有男性才能经营好企业"的旧观念，因为在许多国家，女性担任企业领导职务非常常见。在印度等地，国家法律也在不断变化，给予女性平等的继承权（比如2020年对1956年《印度继承法》第六条的修正）。[21] 基于长子继承制的不公平也在逐渐消失。家族必须迅速采取行动，修改或阐明软性规则，以避免家族企业内发生严重的混乱。如果不解决这些问题，那么企业很可能会陷入混乱，家族里也可能会产生裂缝。

家族内部不公平和不公正的实例会造成严重的后果，有的与财务有关，有的则无关。与我们合作过的一位赞助人这样解释道："真正能激起矛盾的是谁能去达沃斯（世界经济论坛），而谁只能留在（家族）迎宾馆这样的问题。"所以，在阐明软性规则的时候，请你基于家族成员的先天特征或角色和责任，充分考虑不公平造成的实际后果，例如一个人有没有从家族中获得福利（比如教育基金、使用家族或企业的资产)。

家族内部都尊重的规范

家族中都尊重的规范看上去可能是最显而易见的，也是最老生常谈的软性规则了，可一旦这些规则被打破，就会造成极大的破坏。维护尊重的规范可以巩固积极的情感、信任和心理安全感，而打破这些规则则会损伤个人的自尊心、关切心以及彼此之间的亲情。关于这些软性规则，我们发现了一系列家族应该禁止的行为，以确保营造一个相互尊重的环境。这些行为包括：

- 直接比较家族成员。
- 言辞激烈或出口伤人。
- 排挤某位家族成员或某个家族分支。
- 任何形式的肢体冲突。

其中，最有害的行为就是比较家族成员，[22] 尤其是在既拥有又管理企业的家族里，成员间很容易出现竞争和嫉妒。由父母、姑姨、叔舅以及祖父母所做出的对比行为会对情感造成巨大的伤害。想象一下，作为一个年轻人，你的祖父总是表扬你的堂弟聪明又成功，却从来不提你。他这样做会对你在家族企业中取得成功的信心有什么影响？我们之前采访过的一个家族有一个信条，就是坚持家族成员之间不做比较。

另一类尊重的规范是家族的团体规范，就其性质而言，这类规范很可能在不同的家族和文化中有所不同，例如：

- 禁止家族成员向外人诉说家里的分歧（比如告诉媒体或司法系统）。
- 不触碰文化禁忌（比如不公然顶撞长辈）。
- 合理使用家族资金或资产（比如不要在家族企业的迎宾馆长住，或者用家里的教育津贴买车）。
- 未经家族允许，擅自做出任何形式的不公正行为（比如偏爱某个孩子）。

与自由有关的规范

最后一类值得阐明的软性规则，是关于家族成员的个人自由和职业自由的。自由与一个人实现其所有潜力的需求有关（心理学家称之为"自我实现"），或者是人类的最高需求。[23] 小孩要成长为大人，并重新定义年幼时与父母和兄弟姐妹的关系，这些都与自由有关。[24]

对个人自由的限制是软性规则的一部分，也可能是社会规范、维持企业的努力，以及维护家族关系和谐的结果。以下是在阐明个人自由相关的软性规则时，需要考虑的一些问题。

- 家族成员有教育选择权吗（比如地点、学校、学习内容）？
- 家族成员有婚姻自由权吗（比如在家族交际圈之外，自己选择结婚的对象和时间）？
- 家族成员可以打造自己的公共形象吗（比如代表自己或家族接触媒体、在外抛头露面、参与竞选）？

- 家族成员可以随意使用个人资产吗（例如买个比别人都大的房子或者更好的车）？

我们从许多家族领导者那里反复听到过一个充满智慧的道理，那就是让孩子们自己选择是否要加入家族企业。对于前几代人来说，"选择"这个话题可能从未在家族里讨论过。但是在当今全球化的世界中，大家可以从许多渠道了解到不同的机会，所以孩子们需要有选择的权利，选择是否要加入家族企业，以免滋生怨恨。其他与家族企业相关的自由还包括：进入家族企业的时间点和在家族企业里选择职业道路的自由。那么，还有哪些自由对你的家族来说是至关重要的呢？

思考题：防范冲突

仔细回顾你的家族，还有我们提到过的构建相互尊重、积极倾听、开放式交流、心理安全、感恩和道歉的家族文化的诸多策略，以及阐明软性规则，思考以下问题：

- 你的家族的文化在哪个方面最有问题，或者说最需要改善？
- 不考虑你在家族中的地位，你能做出哪些微小的改变来更好地表示尊重、倾听、透明地交流、鼓励为创新而冒险、表达感激和歉意？

- 你能发起哪些活动或项目来增加家族内积极的情感和信任？
- 你会怎样向其他家族成员灌输这些新的想法？
- 在你的家族里，哪些软性规则被违反或被误解的次数最多？原因是什么？
- 你有观察到家族里不同世代、不同分支之间的不公平对待或表示不敬的模式吗？
- 你的家族里还有谁会支持阐明这些软性规则？

应对与解决冲突

哪怕家族尽全力防范，冲突也是防不住的。重点是要确保冲突不会升级到损害家族或企业的程度。在软性问题出现前，家族要确定仲裁冲突的人选，以及解决冲突的机制。

情感冲突的仲裁人

你的家族是否有冷静和理智的代言人，或者是可以帮助争吵双方解决分歧的人？如果没有，现在是时候考虑正式指定一位专门处理软性问题的冲突仲裁人了。

尽管像家族委员会这样的机构可以在处理软性问题方面发挥作用，但我们的经验表明，家族还是需要额外指定一位冲突仲裁人。聘来的法律顾问或财务顾问可能和家族有一定的距离,而解决软性问题的冲突仲裁人则不同,他们对家族最隐秘的问题都有深刻的了解,甚至可能亲身参与过。"家族监察员"、"首席情感官"[25]或外部顾问都可以为解决软性问题提供支持。这些角色都需要有特定的性格特征和技能,并且要对家族十分了解。

冲突仲裁人是一个极其敏感的角色,一不小心就可能造成重大伤害。被选中的人必须声誉良好,还要有表现出值得信赖的性格特点,有边界感且能够保密,情商高又处事成熟,平易近人还十分自信(不需要别人反复对他表示肯定)。冲突仲裁人还必须能够赢得家族成员的尊重,尤其是老一辈的成员。

除了自身的性格特点,冲突仲裁人还必须具备某些技能并持续精进,只有这样才能巧妙地驾驭复杂的情况。这些技能包括积极倾听、不偏不倚、自我独立、针对不同个人和情况调整解决办法和沟通方式,以及熟悉约定俗成的软性规则、家族传统和家族成员。

还有非常重要的一点是,家族领导者要授权,让冲突仲裁人提出解决软性问题的行动建议。虽然他的建议可能没有约束力,但家族领导者必须认真对待冲突仲裁人。

哪些人可能符合以上诸项标准,来仲裁家族里的冲突?

- **第一代的家族族长**:这个人可以是家族企业的主要领导者(非董事长)的配偶。身居首位,这个人必然对家族动态有最细致的了解,并且能得到所有家族成员的尊重。通常情况下,担任这一职务的都是家族企业领导者的夫人,她不实际参与企业运营,因此可以提供重要的视角。这种模式只适用于单一分支型家族,在多分支型家族中会举步维艰。

- 第一代的家族朋友:如果家族内部的候选人可能会有所偏袒,那么选择家族朋友比较合适。他们对家族动态足够了解,也受到大家的尊重。对于这一角色,家族给家族朋友的报酬应该公开透明,并且雇用和解雇不能由一个人说了算。
- 外部专业人士:外部专业人士可能包括高级法律顾问、高级咨询顾问或专业家族监察员。虽然他们的建议可能最为公正,但他们需要额外花时间和精力来熟悉家族内部的动态关系以及各位家族成员。

在你的家族中,你能找出可以胜任冲突仲裁人这一职务的候选人吗?如果你的家族里没有,那么有没有哪位高级专业顾问了解你们家族企业的内幕,并且可以更直接地参与家族管理?

冲突解决机制

家族应对冲突的最后一项准备工作是设计一个解决冲突的机制。用一位家族领导者的话说,那就是"趁着你还不需要争端解决机制的时候,赶紧建立一个"。解决冲突的过程必须对所有参与方透明,并且必须体现在审议形式、决策标准和参与方角色的设计上。

当有人违反软性规则时,如果犯错的人能够道歉,并化解受伤的家族成员的担忧，那么问题很快就能解决。然而，道歉确实没那么容易。违反软性规则的人必须认识到道歉的必要性，并且要足够谦卑，能够撇开年龄、自我或家族地位，率先迈出第一步。

不幸的是，我们必须做好准备：可能不会有人道歉，问题也不会很快得到解决。在这种情况下，阐明后的软性规则可以作为指南针，帮助我们理解违规行为。无论是家族领导者、其他家族治理机构（比如家族委员会），还是指定的冲突仲裁人，都可以促成冲突解决流程。选择哪种方式取决于家族自己，但必须在冲突发生前决定下来。

一种方式是让家族选定的冲突仲裁人（比如家族监察员）全权负责解决冲突。任何人要想提出疑问，都要先联系家族监察员。在听完问题后，家族监察员将对其疑问进行评估，必要时可以和其他家族成员交谈以展开调查。家族监察员还可以与指定的家族领导者进行探讨，或者邀请外部专业人士给出公正的评估，或向有关家族成员提供咨询和辅导。

选定的冲突仲裁人在评估过软性问题之后，应向所有相关方公开其结论。家族监察员和家族领导者的第一选择应该是以非正式的方式解决问题。你可以选择维持现状，只是对违规者进行简单的劝导；也可以强烈谴责，严重警告违规者或实施处罚。

考虑到软性问题对情感造成的伤害已经很严重了，我们建议把处罚留作最后的手段。如果有必要，家族可以考虑严厉训斥、推迟其在企业内的升迁或剥夺其在家族企业内的管理岗位。关键是要记住，家族成员是企业的所有者，到了某个节点，他们可能不想再留在家族企业中了。相反，他们可能更愿意套现，然后自立门户。实施处罚很可能会挑起这种情绪，所以必须审慎。

> **思考题：应对与解决冲突**
>
> 应对冲突总是十分尴尬且令人感到不适的，但提前设立冲突仲裁人、明确其职责、确定冲突解决机制，可以在冲突发生时帮助家族缓解紧张气氛。请思考下列问题：
>
> - 在你的家族或者亲近的家族顾问中，有没有合适的家族监察员候选人？
> - 你选择的依据是什么？
> - 在你看来，建立冲突解决机制有哪些障碍？

注释

1. Baumoel, Doug, and Blaire Trippe. *Deconstructing Conflict: Understanding Family Business, Shared Wealth and Power.* Continuity LLC, 2016, pp. 16.

2. See North, Douglass C. *Institutions, Institutional Change and Economic Performance.* 2nd edition. Cambridge; New York: Cambridge University Press, 1990, for an analogous discussion of the informal rules applied to political economy.

3　See "Myers-Briggs Type Indicator®(MBTI®) | Official Myers Briggs Personality Test." Accessed August 3，2021. https://www.themyersbriggs.com/en-US/Products-and-Services/Myers-Briggs.

4　See Discprofile.com. "What Is the DiSC Assessment?" Accessed August 3，2021. https://www.discprofile.com/what-is-disc.

5　Schein, Edgar H. "Coming to a New Awareness of Organizational Culture." *MIT Sloan Management Review*, no. Winter (1984). Accessed July 23，2021. https://sloanreview.mit.edu/article/coming-to-a-new-awareness-of-organizational-culture/.

6　See Hampton, Marion McCollom, and Ben Francois. "When an Iconic Founder Overshadows the Family Business." *Harvard Business Review*, May 20，2021. https://hbr.org/2021/05/when-an-iconic-founder-overshadows-the-family-business.

7　Dictionary.com, LLC. "Respect." In *www.Dictionary.Com*, 2021. https://www.dictionary.com/browse/respect.

8　See Morgan, Nick. "How to Detect Respect—or Disrespect：Body Language Quick Takes #7." *Forbes*, September 11，2011. https:// www.forbes.com/sites/nickmorgan/2011/09/29/how-to-detect-respect-or-disrespect-body-language-quick-takes-7/.

9　Rogers, Carl R., and Richard E. Farson. "Active Listening." In *Communicating in Business Today*. D.C. Heath and Company，1987.

10　"三角关系"指的是一种操纵策略，即由一个人控制另外两个人的交流，而这两个人无法直接交流。

11 Delizonna, Laura. "High-Performing Teams Need Psychological Safety. Here's How to Create It." *Harvard Business Review*, August 24, 2017. https://hbr.org/2017/08/high-performing-teams-need-psychological-safety-heres-how-to-create-it.

12 Edmondson, Amy. "Psychological Safety and Learning Behavior in Work Teams." *Administrative Science Quarterly* 44, no. 2(June 1, 1999): 350–83. https://doi.org/10.2307/2666999.

13 Delizonna, Laura. "High-Performing Teams Need Psychological Safety. Here's How to Create It." *Harvard Business Review*, August 24, 2017. https://hbr.org/2017/08/high-performing-teams-need-psychological-safety-heres-how-to-create-it.

14 Fredrickson, Barbara L. "What Good Are Positive Emotions?" *Review of General Psychology: Journal of Division 1, of the American Psychological Association* 2, no. 3(September 1998): 300–319. https:// doi.org/10.1037/1089-2680.2.3.300.

15 See TEDx Talks. *Building a Psychologically Safe Workplace | Amy Edmondson | TEDxHGSE*. Accessed July 26, 2021. https://www.youtube.com/watch?v=LhoLuui9gX8, Rozovsky, Julia. "The Five Keys to a Successful Google Team." re: Work, November 17, 2015. https://rework.withgoogle.com/blog/five-keys-to-a-successful-google-team/.

16 See Littlefield, Christopher. "Use Gratitude to Counter Stress

and Uncertainty." *Harvard Business Review*, October 20, 2020. https:// hbr.org/2020/10/use-gratitude-to-counter-stress-and-uncertainty, Locklear, Lauren R., Shannon G. Taylor, and Maureen L. Ambrose. "Building a Better Workplace Starts with Saying 'Thanks.'" *Harvard Business Review*, November 26, 2020. https://hbr.org/2020/11/ building-a-better-workplace-starts-with-saying-thanks, Gino, Francesca. "Be Grateful More Often." *Harvard Business Review*, November 26, 2013. https://hbr.org/2013/11/be-grateful-more-often.

17 See Nam, In-Soo. "Korean Air Executive Ejects Crew Member After Poor Nut Service." *Wall Street Journal*, December 11, 2014, sec. Korea Real Time. https://blogs.wsj.com/korearealtime/2014/12/08/korean-air-executive-ejects-crew-member-after-poor-nut-service/.

18 See "Korean Air Executive Jailed in 'nut Rage' Case." *BBC News*, February 12, 2015, sec. Asia. https://www.bbc.com/news/world-asia-31433736.

19 Sang-Hun, Choe. "Sister of Korean 'Nut Rage' Heiress Accused of Throwing Her Own Tantrum." *The New York Times*, April 13, 2018, sec. World. https://www.nytimes.com/2018/04/13/world/asia/nut-rage-sister-korean-air.html.

20 Baumoel, Doug, and Blaire Trippe. *Deconstructing Conflict: Understanding Family Business, Shared Wealth and Power.*

Continuity LLC, 2016.

21 "Supreme Court Gives Equal Inheritance Right to Daughters from 1956 | India News—Times of India." *The Times of India*, August 12, 2020. https://timesofindia.indiatimes.com/india/sc-gives-equal-inheritance-right-to-daughters-from-1956/articleshow/77493244.cms.

22 Levinson, Harry. "Conflicts That Plague Family Businesses." *Harvard Business Review*, March 1, 1971. https://hbr.org/1971/03/conflicts-that-plague-family-businesses.

23 See Maslow, A. H. "A Theory of Human Motivation." *Psychological Review* 50, no. 4 (1943): 370–96. https://doi.org/10.1037/h0054346.

24 Baumoel, Doug, and Blaire Trippe. *Deconstructing Conflict: Understanding Family Business, Shared Wealth and Power*. Continuity LLC, 2016.

25 See Mayer, Leslie. "Not A Titular Job: Challenges of Chief Emotional Officer." *Family Business Magazine*, 2008. https://www.familybusinessmagazine.com/chief-emotional-officer-role-involves-daunting-challenges.

第四章

所有权引发冲突：
硬性问题与关键选择

　　现在我们要讨论的问题是，如何避免因家族与企业交互而引发的硬性问题所产生的破坏性冲突。这一重大问题的起因是，家族对企业的直接所有权。

　　让我们回到斯里瓦斯塔瓦家族。马亨德拉连一份遗嘱都没有留下，就撒手人寰，悲痛之余，他的家人面临的许多问题都与家族企业的所有权有关。他的四个孩子的共识是，大家都能分到同等的家族企业股份。但是，他们的母亲亚米尼并没有参与企业的意愿，那么她该分得多少股份呢？他们要从哪里开始，理清盘根错节的金字塔式股权结构，并区分马亨德拉个人持有的股份和他创建的控股公司——帕里瓦尔投资公司持有的股份呢？有了股份，是不是还要有相应的投票权和分红权？他们兄弟姐妹四人，还有两个年龄和赛相仿的孙辈，要如何就分割股份达成共识，并确定退出和转让股份的规则？

　　有关斯里瓦斯塔瓦集团未来领导层的问题，一直停留在家族成员和投资者的脑海中挥之不去。该由谁来带领斯里瓦斯塔瓦集团继续前进？宣布继任者和其他领导层的变动，很可能会对家族上市公司的股价产生重大影响。马亨德拉生前坚决制止女性担任高管职务（除了在家族的慈善基金会），现在他去世了，家族中的高素质女性会出任什么职位？谁来决定日渐重要的第三代家族成员应该在企业内担任什么角色？应该给赛的私生子桑凯特一定的所有权吗？所有这些关于所有权的问题，以及与之相关的特权和限制问题，都有可能在家族企业中引起冲突和潜在的破坏。

在确定了这些硬性问题后，本章我们将研究如何阐明并正式确立硬性规则，以防范冲突。在确立规则的研究过程中，我们会深入探讨家族在所有权规则上必须做出的关键选择，比如对所有权权利、利益的分配和限制，以及雇用选择和领导层选择。家族对运营模式的选择，或者说参与企业的方式，将决定企业能否完成家族的目标，并匹配上家族成员当前的能力和愿望。关于所有权结构的关键决策包括股权结构，以及家族企业是分，是合，还是要公开上市。

在思考这些硬性规则时，请你记住，它们虽然很重要，但并不能取代软性规则，也不会降低软性规则的重要性。要想避免因家族与企业交互而引发的重大问题，首先得做好对软性问题的防范和应对。虽然关于所有权、治理结构（参见第五章）、企业内部任职权和领导权的关键选择以及规则十分重要，也是许多商业著作绕不开的主题，但我们依然认为，重视家族内部的感情融洽、关系和谐，应该不亚于对硬性问题的关注。

和许多写家族企业的作者不同，对于家族成员是否该聚在一起，或者家族要怎样参与企业，我们没有先入为主的看法。相反，我们的目标是帮助你和你的家族找到一种合适的经营方式，以防止企业内部出现动荡的、会让市值下跌的冲突，同时防止家族内部出现情感上的纷争。

定义硬性问题

硬性问题是企业内部看得见摸得着的问题，是家族直接参与企业的产物。家族要么拥有企业，要么管理企业，要么二者都有。硬性问题引起的冲突，主要来自家族成员因某项针对硬性规则的具体决定而产生的利益分歧，这和软性问题与软性规则的情况类似。但不同的是，硬性问题是关于物质的，而非关于情感的，可以被外部观察者捕捉到，还经常出现在小报上。像美国HBO电视网的《继承之战》(Succession)这样的电视剧，也常用硬性问题作为主题。同时，硬性问题也是研究家族企业的学者和顾问最常讨论的问题。

有关家族企业的硬性问题包括：

- 家族治理机构的代表和权力：在家族委员会或家族大会中担任领导职务有什么要求和程序？
- 继承规划：谁来领导家族企业？
- 企业高层领导职位：谁会在企业的一些机构中担任关键的领

导职务（比如董事会、管理层）？
- 家族成员员工的薪资政策：谁有权领取薪资？薪资的具体数额应该怎么定？
- 家族财富分配：家族成员有哪些获得企业分红的权利，或享用家族持有的其他形式的财富，比如迎宾馆、私人飞机或汽车？成员个人对家族财富有什么权力，对信托资产又有哪些权力？退出家族企业必须遵循哪些规则（比如时间点、价值评估方法）？
- 政治派别准则：参与家族企业的家族成员可以担任政治职务、在党内任职或有其他政治关系吗？
- 社会贡献准则：家族成员可以参与哪些社会活动，涉入哪些社会活动领域？
- 家族与企业领导者的退休：家族与企业领导者在年龄或工龄达到多少的时候，必须退位让贤，转交权力？

每个家族都会在参与企业的过程中遇到硬性问题，这些问题泛滥与否，往往取决于家族企业的代际更迭。我们建议家族不要把这些问题搁置到决策的重要关头，眼看着它们变成冲突，而是尽早做出艰难的决策、建立治理结构（参见第五章），早做规划。我们之前采访的一位赞助人就建议道："一定要未雨绸缪。"

> **思考题：硬性问题**
>
> 深入探究硬性问题，并思考下列问题：
>
> - 在你的家族中，有哪些硬性问题尤为突出且反复出现？
> - 你能回想起，家族里有哪些软性问题或情感伤害最终演变成硬性问题吗？怎样避免这样的问题出现？
> - 在解决硬性问题的方式上，你与家族在多大程度上达成一致意见？
> - 你要怎样展开一场关于硬性问题的对话，又不至于闹得家族内人心惶惶？

防范冲突：阐明家族的关键选择

与软性规则不同，对于股东来说，通常已经存在既定的硬性规则了。由于硬性规则产生于家族和企业进行交互时，因此家族需要在所有权规则和正式确立硬性规则要起草的文件方面，做出关键选择。通常是家族制定的协议加上地方政府的文件。随着家族的发展，其他关于所有权结构的关键选择也会变化。你如果考虑替换掉现有的关于硬性规则的方案，那么可能需要寻求法律支持以确保遵守法规。

关键选择：所有权规则

第一个要考虑的关键选择是关于所有权的基准规则。这些规则确定了家族成员的权利、特权和限制，同时是家族企业合法性的基础。常见的四类关于所有权规则的关键选择是：

- 所有权、财富与利益的分配。
- 所有权的基本规定。
- 管理与任职规则。
- 确定家族企业领导者的角色。

有关这些硬性规则的选择，会涉及家族宪章与家族行为准则的内容。由于一个领域内的选择，可能很容易就影响另一个领域内的选择，而这最终还是取决于家族选择的运营模式，所以确定硬性规则会是一个反复的过程。

所有权、财富与利益的分配

从关系的角度看，家族内部可能对"家族范围"的定义有较高的一致性（参见第二章），但对家族成员如何从企业获利的看法或许有所不同。

这一点在斯里瓦斯塔瓦家族内是如何体现的呢？你可以看到古板的长兄阿比吉特十分严苛，在他看来，只有血亲才能拥有企业所有权，婚生子女才能参与企业管理。而小他19岁的弟弟赛则主张（至少）要将管理权交给他的儿子桑凯特，桑凯特虽是私生子,但素养极高。他们的年龄相差近一代,因此各自认为合适的事情十分不同,这也反映出了他们身处的社会的巨大变化。

社会和文化规范对所有权、财富和利益的分配非常重要,甚至比对家族定义产生的影响还要重要。例如,传统的印度家族可能会禁止所有女性成员(无论有没有血缘),以及非血亲的男性成员获得家族企业所有权。然而,如果家族中有女性成员离婚了,那么家族可能会给她足够的经济支持,让她过上舒适的生活。与此相反,在日本,家族族长可能会把女婿当作亲儿子一般对待,给予他家族企业全部的所有权和管理权。而在中国历史上,许多皇帝都会选择信任驸马与外戚,因为他们无法参与皇家的权力斗争。为了分配所有权、管理权以及财富和利益,各个家族成员对于谁能算作自家人,标准大不相同。

家族成员有哪些关于家族企业所有权、管理权以及财富和利益的权利?与企业直接相关的权利包括对企业股份的所有权、分红权,以及在家族企业或其他家族公司中的任职权。进入由家族企业资助的组织,比如慈善组织或慈善机构,也是一项权利。医保、教育等福利,以及家族共同资产的使用权,比如土地或不动产,也可能被纳入家族的权利分配协议。这些权利和特权在不同的家族关系中应该如何分配,比如血亲与姻亲之间的分配?

在大家族中,家族成员之间可能会有意见分歧。你很难直截了当地处理这些复杂的选择,因为一不小心就会给家族带来久难愈合的伤痕。在家族企业中,如果持有较高比重所有权或掌控家族治理权的关键利益相关者之间产生分歧,那么可能需要长期谈判，也可能会使企业陷入僵局。而手握正式权力较少的利益相关者，可能拥有相当大的软性权力，或能够对真正决策者施加影响。

治理论坛对于帮助家族做出这些决定非常重要，尤其是家族委员会。它要在大家对某一个人产生怀疑或与其发生冲突前，先为每一类家族成员制定好相应的标准，这可以让整个家族有一个重要的判断基准线。

家族族谱

你可以回顾一下之前画的家族树，然后把它变成一张族谱（家族树的一种形式，反映每类家族成员的所有权权利与利益）。你回想一下第二章，思考一下各种家族成员类型。

- 血缘关系（比如兄弟姐妹、父母）。
- 配偶（包括离异配偶）。
- 情人与外遇对象。
- 子女（包括领养、继子继女、之前婚姻中生下的孩子、未婚生子）。
- 家族的次要分支（比如姻亲及其子女）。
- 家族的朋友。
- 企业里亲近的助手。
- 其他（视家族具体情况而定）。

如果你的家族想要根据性别和长子继承制来明确所有权以及财富和利益的相关权利，那么你可能需要考虑一下，家族会如何处理性别流动性或者有人变性的相关问题？这个问题打了印度的马法特拉尔家族一个措手不及。马法特拉尔家族是一个百年纺织业家族。[1]据说为了把自己变成长子，家族掌门人的长女做了变性手术，从而要求在家族企业中获得更多股份，分得更多的家族财产。

进行家族关键权利分配的一种方法是，明确关于每一类家族成员的两个变量选项：决策范围与利益范围。在每个范围内，你可以设置几个选项，比如"无角色""家族角色""管理角色""所有权角色"。决策范围的界定可能包括：

- "家族角色"：孩子们的教育选择，不包括企业或管理决策。
- "管理角色"：能否在家族企业内担任管理职务，并在家族委员会中有一席之地。
- "所有权角色"：持股决定，以及能否在家族或企业中担任任何涉及管理、所有权或治理的角色。

与之类似的是，利益范围的界定可能包括：

- "家族角色"：家族规则规定的家族共同支出（比如个人津贴、教育、医疗、使用家族共同资产、生活空间、安保）。
- "管理角色"：与企业职务相称的市场价薪资。
- "所有权角色"：获得分红。

决策范围与利益范围矩阵表（以斯里瓦斯塔瓦家族为例）

	决策范围			利益范围		
	家族角色	管理角色	所有权角色	家族角色	管理角色	所有权角色
马亨德拉（生前）	√	√	√	√	√	√
阿比吉特	√	√	√（部分）	√	√	
瓦什纳维	√			√		
郁夫	√	√（部分）		√	√	

我们观察到，在不同文化背景和不同时间里，家族对每一类家族成员的权利范围的界定存在着很大的差异。随着家族的发展，每代人的优先目标项会发生变化，这时就需要家族重新审视其之前的界定。权利界定中的条款可能还需要考虑家族中特定个人的关系状况变化（比如离婚、再婚、同居）。例如，在与我们合作过的一个家族中，虽然女儿们没有企业所有权的相关权利（比如获得分红），但她们如果和（非家族成员的）丈夫离婚了，就有权获得足够的经济支持，过上舒适的生活。家族还需要界定哪些其他的利益或权利呢？

所有权的基本规定

确定了谁有所有权和管理权之后，硬性规则的下一个组成部分就是确定所有权的基本规定。对于企业所有者来说，他可能得通过一份具有法律约束力的股东协议才能把它正式确定下来。

例如，如果南迪尼实现了人生目标，成功当选政府高级官员，那么在她领导政党几年后，根据法律规定，她必须切断与斯里瓦斯塔瓦集团全部的所有权关系。到那时，她能否将股份转让给女儿兰吉塔，或是转售给另一位家族成员？如果她选择转售，股价要怎么确定呢？

关于所有权的选择会对企业产生长期、深远的影响。你的家族现在有没有家族协议或者股东协议？如果有，那么你可以针对现有的文件核实一下内容，确定是否需要对协议进行修改。如果没有，那么我们需要简单讨论一下家族协议或股东协议的常见组成部分：所有权的解析、继承与转让规则，以及退出家族企业（出售股份）的准则。

持股权解析：第一个问题是，家族企业的股份是由个人持有，还是交由家族信托或基金会打理？如果每位家族成员都直接在家族企业内持股，或持有家族持股公司的股份，那么所有的权利都集中在成员个人手中。因此，个人就有更高的灵活性，并且可以增进相互之间的信任，同时最小化管理成本。然而，如果这时没有一份股东协议，个人持股就可能会稀释家族对企业的所有权。

而家族企业的股份交由家族信托或基金会持有，家族就能以此为载体，巩固其对企业的所有权。每位家族成员都能通过信托掌握一部分企业所有权，因此既保护家族的集体所有权，也能避免个人因陷入法律纠纷而失去所有权。所有决策都要由受托人做出，这在限制了个人的直接权利的同时，巩固了企业发展大方向的确定原则。信托的灵活性通常较低（所有决定都要由集体通过），并会产生额外的管理费用。

当选择个人持股时，家族必须考虑如何在家族成员间分配股份。是谁能持有哪家公司的股份，还是所有股份都交由一家持股公司打理？有的家族会选择精心设计的交叉控股结构，以保护其公司不被外人收购。这样的选择，常常是在权衡过各公司领导者的独立决策能力之后才做出的。

持股方式通常受到家族和企业的规模、企业的运营模式（参见本章）和年限的影响。创始人如果还在世，很可能会单方面决定谁来做家族企业的未来所有者。创立不久的家族和规模较小的家族往往会选择个人持股。如果是兄弟姐妹联合创办的企业，不想企业分崩离析的话，想要划分所有权就需要达成一定的共识（不过，正如我们在前言和本章后面所说的，留在一起并不一定是最好的选择）。我们观察到，一些规模较大、创立已久的家族，一般会将所有权集中于一个家族控股公司或基金会，然后将决策权下放给家族领导者。[2]

额外的所有权限制：在某些情况下，家族会在协议中为所有权规则增添额外内容。我们听说有的家族会设定限制，比如只有特定国籍的家族成员才有资格获得家族企业所有权，以此来确保家族财富保留在家族的原籍国。有的家族可能会对成员的居住地提出要求，以保证纳税不出岔子。有的家族还会对家族各分支的所有权份额设置上限，这样就不会有任何一个分支成为家族企业的唯一所有者。婚前协议也很常见，可以保证即使双方离婚，股权依然不会外流。

企业财富的分配：如果家族决定了如何在成员之间分配所有权，那么所有权带来的财富要如何分配？家族内的股东是会获得一笔固定的津贴，就像中国的某些家族企业那样，³还是会根据公司的利润获得相应的分红？谁来决定家族内的股东获得红利的数额和频率，是家族领导者还是独立受托人？和股东协议中的许多其他条款不同，这些条款在很大程度上受到家族价值观（参见第二章）以及家族采用的企业运营模式（参见本章）的影响。例如，一个重视共同富裕、给工人高薪的家族，可能会限制家族的红利数额以及福利支出。

投票权 vs 所有权：投票权与所有权要如何匹配？通常家族会选择让这些权利分配对等，但具体操作明细很重要，特别是当公司发行多层次股票时。所有权的分割是否公平？关于哪些问题的决策必须全票通过？所有权设定本身是否具有不稳定性？所有权份额与家族企业的董事会职位应该如何匹配？在家族企业的董事会里谋得一个职位，是否要遵循某种程序或共识？

继承：接下来是所有权继承和转让的相关问题。从各国历史来看，各个社会的继承方式都有所不同。古希腊人认为，家族财富应该由儿子们平分（女儿一般不能继承），而古代中国则采取嫡长子继承制，由嫡长子继承大部分遗产，以确保财富得以存留。今天，大多数国家都借鉴古希腊人的做法来制定继承规则，但这样的做法也不是全然没有弊端。

谁有权继承股份（比如血亲、养子养女、继子继女、非婚生子女、配偶、家族的朋友、其他人）？在继承问题上，是否存在有哪些偏好会给予一部分人更大的权重，比如长子、男性或前段婚姻的孩子？如果股份可由配偶继承，双方是否需要签订婚前协议？

转让家族企业的所有权可能会产生很大的税务问题。然而，我们采访的一位日本家族企业所有者说，由于继承现金要缴纳高额的继承税，继承家族企业则可以更好地保护家族财富，并将其传给下一代。

出售股份：有的家族成员可能希望完全脱离家族企业，或出售其股份以追求其他收益。在某些情况下，家族成员可能想与其他成员进行股份交易。那么出售股份有什么规则，要在什么时间出售，以什么价格出售，可以用哪些方法出售？

出售条例规定了何时可以出售股份，以及出售期间其他家族成员的权利。家族成员可以选择优先出售给家族（比如有优先购买权或优先报价权）、企业回购、其他股东优先购买，或放到市场上自由交易？出售股份需要家族批准吗？通常情况下，家族会限制向其他家族成员出售股份。股份如何定价，是根据资产价值、固定公式、市场价格还是外部估价？例如，我们采访过的一个家族只按账面价值（而非市场价值）回购退出企业的家族成员的股份。家族成员可以打折购买股份吗？如果可以的话，折扣是多少？

对于不想继续留在企业，但又无力离开的家族成员，家族要如何帮助他们？与我们合作过的多个家族已经为这样的成员制订了相关财务计划，例如使用专门的家族公共基金或公司资金来回购股份。

还有一种可能是，家族成员发现与对方很难共事，于是想拆分家族企业，这可能需要出售或转让股份。拆分有不同的方式。有的是保留共同所有权，只拆分管理权。通常在这之后就是企业的完全拆分，让不同的家族成员分别拥有和管理不同的公司。我们在本章后半部分讨论了与所有权结构和拆分相关的选择。

保留所有权：拥有上市公司的家族，可能还要确定如何应对恶意收购的企图。家族可以引用"内翻"（flip-in）条款，即允许家族股东以折扣价购买股份，以巩固家族持股，作为一种预防措施。更常见的是，股东可以采取"外翻"（flip-over）策略，即他们可以以很大的折扣购买公司的股份。

在考虑家族的所有权规则时，想一想家族企业的所有权结构在什么情况下会引起重大纠纷？其投票权与持股份额要如何匹配？所有权规则中有没有需要填补的空白？

所有权规则的决定与选择示例表

	决定	选择示例（不完全）			
所有权解析	持股权解析	个人持股		由家族或信托持股	
	投票结构	投票%=股份%		双重股权结构	
继承与转让	能否继承	血亲	养子养女	继子继女	配偶 其他人
	继承优先级	长子	男性	其他	无偏见
	是否要求签署婚前协议	否		是	
退出家族企业（出售股份）	个人出售股份	优先购买权或优先报价权	公司回购	股东优先购买	市场自由交易
	是否需要家族同意	否		是	
	是否给家族折扣价	否		是	
	定价模型	资产账面价值	固定公式或倍数	市场价	外部定价
	违反规则强制出售	否		是	

管理与任职规则

为了避免破坏性冲突,家族要制定与家族成员在企业内任职有关的硬性规则。所有权规则可能需要符合某些监管要求,但任职相关的硬性规则就全凭家族说了算。这些硬性规则可分为三类:家族企业内部任职、管理和领导权。

我们已经讨论了哪些家族成员有权在家族企业内部任职的规则。现在,我们要转向讨论更详细的相关要求。每个家族都有自己的方法来解决这些问题,我们的讨论旨在引发思考并提供实例。

加入家族企业:似乎许多家族领导者都一致认为,子女应该有权利选择是否加入家族企业,这是他们的自由。而一旦你确定了哪些家族成员有"权利"在家族企业内任职,那么他们必须满足哪些额外要求才能得到一纸聘书?我们采访过的一个家族就有三个要求:必须是海外一流大学毕业(至于教育相关费用,由家族负责);此前必须在别家企业工作一定年限;加入家族企业后,不得在其父母手下工作。有的家族对成员进入哪个行业也有要求,比如银行业或咨询业,或是对成员进入家族企业有年龄限制。与我们合作过的一些家族还会为孩子提供种子资金,助力新企业的创立,帮助他们在进入家族企业前积攒创业经验。从这段经历中,孩子们可以学会如何承担风险,如何做一名合格的销售,同时据我们的一位赞助人所说,孩子还能拥有谦逊的品格。

如果一名家族成员符合进入家族企业的前提条件或最低标准,那么他的雇用程序会是什么样的?有些家族要求成员无论是在企业的哪个部门,都要与专业人士竞争(高级职位也好,初级职位也罢），而有些家族则不设置招聘程序。此外，家族成员个人还需要通过哪些筛选流程？例如，与我们合作过的一个香港家族就要求家族成员通过一场考试，与我们合作过的其他家族还有要求面试的。

最后，一旦某人通过了层层筛选，他在企业内的职位会怎么安排？是根据个人兴趣，还是根据企业需要？与我们合作过的有些家族坚信，让个人在企业内追随自己的兴趣所在，是通往家族和谐与成功的康庄大道。有些家族则会先将成员初步安置在家族的"命脉"或核心业务部门。最重要的是，他在这个职位上能得到指导吗？有职业发展前景吗？

薪资：第二条关于任职的硬性规则是与家族成员的薪资有关的规定。这个话题一不小心就会引发软性问题，特别是在家族成员觉得自己遭遇了不公平待遇的时候。家族成员是否无论职级高低，报酬都一样？在家族企业里工作的女性成员，其薪资是否和同等资质的男性成员相同？一些家族会选择让家族成员的薪资与相关专业人士的市场最高薪资等同。[4] 家族成员的薪资会和他们为企业创收的数额匹配吗？他们是否会拿到年终绩效奖？未雨绸缪，早做打算，可以防范冲突。

职业道路：家族成员可选择的职业道路对于确保公正性也很重要。家族成员要如何在岗位上、履行职责的过程中进步和发展？他们是要先从低级岗位做起，比如去工厂车间，然后慢慢成长，还是能直接踏上职业发展的快速通道？对于超出自己现阶段能力的职位，他们的资质是否能匹配？谁来评估，是家族领导者，还是管理他们的专业人士？女性成员第一次到家族企业工作，要如何确保她们得到公平的待遇？

强制退休：家族成员到了一定年龄，是否会被要求退休，离开岗位？退休年龄是否与职位有关（例如，在最高管理层任职，就要比在董事会早5—10年退休）？家族企业的哪些财务安全措施可以保障家族企业最高领导者（比如董事长）安心退休？设置一个强制退休的年限，实际上是家族领导者在为年轻一代掌管企业创造机会，还能避免因领导者晚年可能出现的健康问题，导致领导位置空缺，进而产生更复杂的情况。

退休后，家族领导者可能会扮演什么角色？同时我们还需要考虑，家族领导者突然之间不再领导家族了，可能会情绪萎靡，这是很现实的情况。要填补内心的空白，他们有哪些活动可以做（比如慈善事业）？

家族可以先只确定下来一部分规则，其他规则可以审时度势、随后制定。然而，你也要注意，每个不同的决定都有可能产生冲突。在这些硬性规则中，哪些规则你们已经在非正式地践行了？哪些还需要确定？根据你家族的具体情况来看，有哪些决定十分紧迫？

确定家族企业领导者的角色

在家族与企业交互时，就出现了与所有权和管理权相关的领导者的角色。与其他硬性规则的情况类似，这些选择的必要性取决于家族企业的运营模式。最重要的角色是家族企业的负责人。在大型企业联合体中，这个人可能被称为"集团主席"，而在较小的单一公司中,他就只是"董事会主席"。

哪些家族成员有资格担任企业最高领导者,或成为继承人?潜在继承人在接过指挥棒前,必须担任过何种职务?在与我们合作的一个家族中,选定的继任者在开始担任领导职务前,必须跟随现任家族企业负责人学习一整年。一些大家族会选择企业领导者轮换制,每届都有固定的任期,类似于家族委员会的领导层。

马亨德拉在世时,没有确定任何规则。现在,他去世了,家族成员完全不知道谁将成为他的继承人。他们内心悲痛万分,却不得不在此时做出这一关键决定,且无论他们兄弟姐妹之间的关系如何,最后的决定都一定会充满争议。这时,如果有一份继承计划,就能帮助家族在艰难时期做出最佳的企业决定。

继承有多少要求都无所谓,我们的目标是在火烧眉毛之前确定它们。

除了主席或企业负责人,家族还面临着其他领导角色的选择难题,比如董事会和最高领导层。通常情况下,家族可以找独立的、家族外的顾问来提供建议。你也可以明确一些要求,类似于给家族成员的要求,包括:

- 提名与委任:谁来从家族成员中选择董事会成员和高管?如何选择(比如多数投票赞成)?
- 资格标准与选拔程序:领导角色的最低标准是什么?如何评估这些标准?
- 角色重叠:家族领导角色(比如家族委员会)与企业领导角

色重叠有没有限制？家族成员在企业内能担任的领导角色是否有数量上限？
- 任期与限制：个人任期有多久？家族内有轮换吗？一人可以有多个非连续任期吗？重新任命有什么程序？
- 薪资：不在企业内担任任何职务的家族董事会成员有薪资吗？领取薪资需要看会议出勤率吗？
- 评估：如何评估家族董事会成员与高管？
- 辞退理由：对于领导角色而言，哪些行为或活动（比如刑事犯罪）可以算作辞退理由？如何评估这些情况？

在确定硬性规则时，你可能还要考虑另外一种情况，即为领导角色做的准备。是否所有感兴趣的家族成员都能获得跟随现任领导者在董事会和日常工作中学习的机会？家族要给成员设定明确的要求，比如有什么样的基础才能被纳入考量。这一点非常重要，可以避免家族各分支或年轻一代认为这事有暗箱操作的可能，可以任人唯亲、徇私偏袒。

最后，每次有人被选为领导者，都意味着至少有一个人没被选上。家族在成员间分配职务时，要考虑如何配置领导岗位，以达到互补和调和的目的。例如，一位名列前茅却遗憾落选的主席候选人，能否在董事会中获得另一个关键领导职位，比如审计委员会或提名委员会负责人？有的人是否应该比其他人拥有更多的投票权，即便他们并未担任最高领导职务？

企业所有者的限制

最后，家族企业的所有者在经营家族以外的生意时往往都会受到限制。家族和企业一样，必须注意避免利益冲突，或通过成员在家族企业之外的角色获得本不该拿到的特定信息。家族成员可以担任非家族企业的高管吗？可以进入非家族企业的董事会吗？家族企业股东能否被动投资其他公司？在考虑这些选择时，家族还要决定这些限制是适用于全体家族成员，还是只适用于活跃于治理或管理岗位的成员。最重要的是，家族成员要阐明他们关心的问题，并选择正确的载体来商议这些问题。

关键选择：运营模式

在家族就运营模式达成共识之后，家族企业的所有权和管理相关情况就得以理顺。其运营模式决定了家族如何参与企业，并且说明了家族如何运用股权控制企业、在董事会中扮演的角色以及在高管层的地位。比如，除了所有权，家族是否有管理和雇用人员方面的权力？

斯里瓦斯塔瓦家族一直都既是企业的所有者，也是管理者。马亨德拉当年不可能选择别的模式。在他去世之后，整个家族重组，家族成员是否愿意继续积极参与公司的日常运营，成了一个需要考虑的问题。斯里瓦斯塔瓦家族企业的二代继承人一直认为，他们的后代会接手家族企业，但是如果孩子们并不感兴趣呢？家族在企业中的参与度怎么样呢？即使家族现在面临混乱的局面，但还是需要重新审视自己对于企业运营模式的基本设想。

我们来仔细检验两种运营模式:"所有者即管理者"和"积极投资者"。我们在前文已经简单提到了"被动投资者"模式,但鉴于该模式对企业的影响有限,我们就不详细讨论了。

- "所有者即管理者"模式:该模式代表了家族在企业中最高的参与度,家族成员在企业管理层位居高位,并且把握企业前进的方向。
- "积极投资者"模式:在该模式中,家族成员在企业中不承担管理职责,而是通过董事会或者代表来掌控和监督企业。
- "被动投资者"模式:该模式代表了家族在企业中最低的参与度。家族成员是消极的所有者,他们只有最低限度的影响力,就像投资者对任何证券投资的影响力一样。他们通过所有权左右企业的发展方向,但是这种方式是被动的(既不承担管理职责,也不通过董事会影响企业的管理)。

运营模式比较表

	所有者即管理者	积极投资者	被动投资者
日常运营的管理	√		
公司治理	√	√	
股权分红	√	√	√

这三种模式阐明了不同做法之间的极致差别。在实践中,我们看到很多家族选择混合模式。比如,一些家族选择在业务的某个领域行使所有权和管理权,但是在另一个领域则是积极的投资

者。类似的情况包括家族中某个成员选择和其他成员不同的模式。深入阅读本章内容后,你可以进一步思考:怎样融合各种模式并使其适合你的家族。

随着家族企业的发展、壮大和衰老,各个家族分支可能需要调整运营模式。鉴于任何调整对企业都会产生影响,调整需要慎重且不宜频繁。当家族企业的控制权从第一代超人般的企业家和创始人传到后人手中,各个家族分支可能不再想被创始人创立的企业所约束。有时候,家族成员希望自己在商业上的多元化追求能够改变家族企业的发展轨迹。与之相反,家族成员为了寻求在其他行业或者公司的职业成就感,也可能会放弃家族企业中的管理机会。

为了防止或者减少家族企业内部冲突,同时保证家族企业不受影响,运营模式应进行相应变化。在家族内部,当出现成员利益相悖,并有可能造成冲突的初期迹象的时候,也许正确的解决方案是转为家族参与度低的运营模式。在家族成员对企业目标有严重分歧或相互反感的情况下,家族也可能考虑改变运营模式。与家族企业目标不一致的运营模式是冲突的温床(参见第二章)。

关于继承税的规章制度可能会影响所有权以及运营模式的选择。有时候,企业创始人通过信托来管理家族成员的股权,进而保证运营模式不变。如果为了减少继承税的负担,创始人将股权委托给信托,那么除了做"被动投资者",继承者别无其他选择。另外,为了应对新的管理制度,家族也可能选择转换运营模式。

选择合适的运营模式会最小化家族内部的摩擦。正确的运营模式能够促进有效的企业管理(比如战略、合规和主要股权人的赋能)以及提升实现家族企业目标的能力(参见第二章)。本书还讨论了家族以及企业中存在的其他要素,所以并没有提供"一刀切"的解决方案。

在下面部分,我们将进一步深入探讨关于这些运营模式的选择,以及与各种运营模式有关的关键选择。

运营模式选择1:"所有者即管理者"模式

在"所有者即管理者"模式中,家族深度参与企业。管理企业不只是一种职业,更事关身份认定和家族自豪感。选择"以企业为先"或者"以家族为先"的家族一般会选择"所有者即管理者"模式。倾向于"以企业为先"的所有者兼管理者认为,自己对企业的理解叠加作为家族成员的经历,使自己成为最适合负责企业日常运营的人选。把家族放在首位的所有者兼管理者通常相信,保持对企业的管控,能够将企业给家族带来的利益最大化(比如能给家族成员带来高额薪资和自豪感,并为其提供了塑造公众形象的平台)。

家族企业通常是由具有创业精神的"超人"创始人创立的,创始人同时建立了充满活力的价值体系。最初,创始人积极参与企业战略制定以及日常运营,我们也经常看见他的孩子们继续选择"所有者即管理者"模式。随着后代们陆续成年,创始人是不是应该退居二线,雇用职业经理人来管理企业呢?

有人简单地认为家族企业在发展到某一代的时候,就应该走职业化道路,这其实是在犯经验主义的错误。我们在前言中已经提到，很多家族企业比非家族企业经营得更好，而且大多数采用的是"所有者即管理者"模式。只要粗略看一下亚太地区最成功的家族企业（它们已经到第四代或第五代继承人手中，比如印度的穆鲁卡班集团、巴贾吉集团、戈德瑞吉家族，日本 33 000 家企业中的许多百年老店），[5] 你就会发现"所有者即管理者"模式可以成功经营几十年。即使是上市公司也可能是由成功的家族成员掌舵的。

怎样确定"所有者即管理者"模式是适合你的家族的呢？请思考下列四个问题：

- 家族成员是否愿意参与企业的日常管理？
  "所有者即管理者"模式获得成功的前提是：家族成员有参与管理以及深耕企业，最终实现长远成功的意愿。
- 家族成员有没有管理企业和运营的技能与能力？
  作为共同体，家族对企业有着丰富和细致的理解。下一代家族成员是否认同这种理解并且经受过领导企业的职业训练，这是一个突出的问题。"所有者即管理者"模式行之有效的前提是：家族成员具备必需的技能，或者愿意通过学习、训练或者学徒式培训获得技能。
- 能否让家族成员团结在一个企业领袖（比如董事长）身边？
  如果由于缺乏信任，或者家族壮大后个别人之间形成了紧密的关系，以至于家族成员无法就领导者人选达成一致，也许就应该考虑拆分企业或者采取别的经营模式。家族内部派系林立或者分支众多，也会使家族团结变得更加困难。
- 就上市公司来讲，董事会支持家族成员担任经理人吗？
虽然家族持有上市公司大份额的股份，但其仍然需要董事会的支持，而董事会有可能包含独立董事。董事会成员和外部股东对家族成员担任经理人的支持有助于在管理层面避免冲突。

除了这四个问题，我们也看到了各个家族在"所有者即管理者"模式中遇到的共同隐患，家族如何避免如下困境？

- 提醒外部人员（比如投资者、独立董事）关注预测的经营业绩，而该预测是基于家族成员担任经理人的选拔标准来制定的。
- 所有者兼管理者与职业经理人相比，缺乏经验或者正式的训练。
- 所有者兼管理者和高级经理人之间缺乏信任，导致高级经理人不能获得足够做出管理决策的机会。
- 顺从的文化，即雇员和高级经理人不敢反对家族成员的任何意见。

在回答以上问题的基础上，如果你的家族认为"所有者即管理者"模式是最合适的，那么你们在如何管理家族和企业方面就会遇到很多关键的选择题。我们已经讨论过其中一些内容，比如雇用人员和管理的规则，这些都属于硬性规则范畴。其他的选择属于企业管理的内容，将在第六章讨论。我们预计你需要反复讨论、推演这些重大决策的制定过程。

运营模式选择2:"积极投资者"模式

当家族成员不愿意承担企业管理职责的时候,家族可以采用"积极投资者"模式,让家族成员从企业日常经营管理活动中退出。从长远的角度来看,积极的投资者可以引领企业,不管是通过直接在董事会任职,还是通过家族指定事项的代表。这可以保证积极的监管,提供战略方向,帮助建立和加强股东与管理层之间的相互制衡。在"积极投资者"模式之下,很多家族企业欣欣向荣。

家族企业目标的改变或者家族成员个人的技能和兴趣,可能促使家族成员放弃"所有者即管理者"模式。在"积极投资者"模式中,家族的管理参与度低,家族成员不必参与企业的日常运营,进而有机会开展其他事业上的追求。在此运营模式中,家族成员扮演着强有力的治理角色,在董事会或者董事会之下的委员会(比如审计委员会、申诉委员会)任职,但是不参与执行,尽管有可能担任董事长。从企业治理的角度来看,董事会能够在股东之间起调节作用;但是从家族的角度来看,他们的主要职责是在治理过程中,最大程度地维护家族的利益,包括保证家族企业目标的实现和家族价值观的贯彻执行。

你怎么知道"积极投资者"模式对你的家族来说是正确的选择呢?很多需要反思的问题与在"所有者即管理者"模式中讨论的问题类似,但是对这些问题的不同回答,可能会反映出你更适合成为"积极投资者"的一面。

- 家族成员是否愿意参与企业的日常管理？

  如果下一代家族成员对企业管理工作的兴趣有限，但是乐意提供战略指导，那么"积极投资者"模式可能恰好合适。希望跟企业管理保持距离的家族，可以派代表在董事会任职。

- 家族成员有没有管理企业和运营的技能与能力？

  家族成员如果缺乏、不愿意或者无法发展管理企业日常运营所需的技能，但是希望能够监管公司的发展情况，就可以考虑扮演"积极投资者"的角色。上市公司董事会中的家族成员可以招募职业经理人，引进新的业务、变革工作方式、加速业务增长、改进业务流程或者提高效率。

- 家族是否希望扶持下一代来接手企业？

  对于那些想要培养家族成员接班，但是需要等待该成员积累更多经验和经过培训，才能担当重任的家族来说，"积极投资者"模式可能只是暂时的解决方案。家族可以聘请职业经理人代替接班人先承担领导职责，把工作重点放在短期特定的目标上，比如战略、增长或者业务流程，也可以像带学徒一样培养下一代接班人。

- 是否可能让家族成员团结在一个经理人身边？

  家族成员也许能够团结在作为唯一企业领袖的董事长身边，但是在确定日常运营的经理人人选方面，却不能达成共识。为了避免在选择候选人时产生冲突，各个家族可以选择扮演"积极投资者"的角色，聘请多位职业经理人。

从"所有者即管理者"模式转换到"积极投资者"模式也并不是什么灵丹妙药。企业在获益于职业经理人的管理的同时,很可能会经历阵痛。在转型过程中,家族容易遇到困难的领域包括:界定企业内部流程、所有者的长期目标和管理者的短期关注点保持一致。所有者兼管理者通常依赖私人间的信任和人格驱动型领导,而不是强大的内部流程。如果你的家族现在采用的是"所有者即管理者"模式,但是想要转型成"积极投资者"模式,那么内部流程是很值得思考的方面。关注家族的长期利益,而不是很多职业 CEO 追求的短期利益,也是"积极投资者"模式的长期任务。

如果你的家族选择"积极投资者"模式,那么有哪些关键的选择项呢?最重要的是,在家族企业的一个或多个董事会中,如何安排代表的问题。

> **思考题:运营模式**
>
> 选择正确的运营模式,对家族企业避免破坏性冲突至关重要。也许你以前认为运营模式是"既定事实"。你在考虑运营模式的时候,不妨思考以下三个问题:
>
> - 现有的运营模式是否与家族企业的目标一致?
> - 对于现有业务而言,有没有家族并不十分感兴趣,可以进行运营模式转换的领域?
> - 转换运营模式中最大的障碍是什么?

关键选择：所有权结构

所有权结构是规范家族与企业关系的第三个关键选择项。如何在家族成员之间分配股份？持有股权是否就意味着有投票权？家族企业保持完整还是拆分？家族成员怎样评估公司上市的决策？

关于所有权结构的选择是斯里瓦斯塔瓦家族最大症结所在。马亨德拉管理下的复杂股权结构，加上家族内部成员到多个董事会交叉任命，迫使成员必须步调一致。他们能否克服困难？还是最好重新调整家族企业的结构，以避免类似阿比吉特与郁夫那种紧张关系的出现？

关于所有权结构的讨论主要聚焦于：

- 股权结构。
- 企业是保持完整还是拆分。
- 上市。

你在思考以上问题和本部分的其他问题的时候，回想第二章提到的你的家族与企业之间关系的特点。不同代际家族成员之间的和谐和团结程度、对于企业的认知以及家族内部风险的规避，都会在很大程度上影响所有权结构的选择。

股权结构

当家族规模较小、企业历史不长的时候，股权结构相对简单。

想象一位创始人将他的股票在孩子们之间平均分配，但是孩子们的子女数量不等。这使得突然之间，一开始看起来是公平的分配，马上就显得有所倾斜。

在所有权继承方面，随着各家族试图制定公平的软性规则，股权结构相关的决策变得更具挑战性。企业规模扩大、家族控制的企业数量以及创始人决策的长期影响也会使股权结构复杂化。

关于股权结构的第一个问题是：持有的股权是否伴有投票权和股息分红。有一些上市家族企业选择发行多层次股票（也称为差别表决权股份），这可以给予指定的家族或者团体比其他股东拥有更大的投票权。有几家著名的公司，比如福特、伯克希尔·哈撒韦、谷歌、脸书和 Square（都是美国公司），在保证获得由上市带来的利益的同时，利用多层次股票将控制权集中在一小撮人手中。[6] 回声星通信公司的创始人查理·埃尔根（Charlie Ergen）通过多层次股票拥有了 91% 的投票权。

在亚太地区，我们较少看到多层次股票案例，但是新加坡交易所、香港证券交易所和孟买证券交易所是可以交易多层次股票的。[7] 例如，印度的塔塔汽车、古吉拉特邦 NRE 焦炭公司发行差别表决权股份。[8] 这些股份虽然可以保证家族对企业的控制，但也会阻碍来自机构投资者的投资，因为机构投资者一般都要求在企业经营上拥有一定的话语权。多层次股票在亚太地区相对少见，也说明其对于正在做决策的家族来说没有太大用处。

政府出台的规章制度、税制和家族动态关系也会影响股权结构。回顾一下在第二章关于企业特点的练习中，你的家族企业的

经过几代更迭，股权不平衡的例子

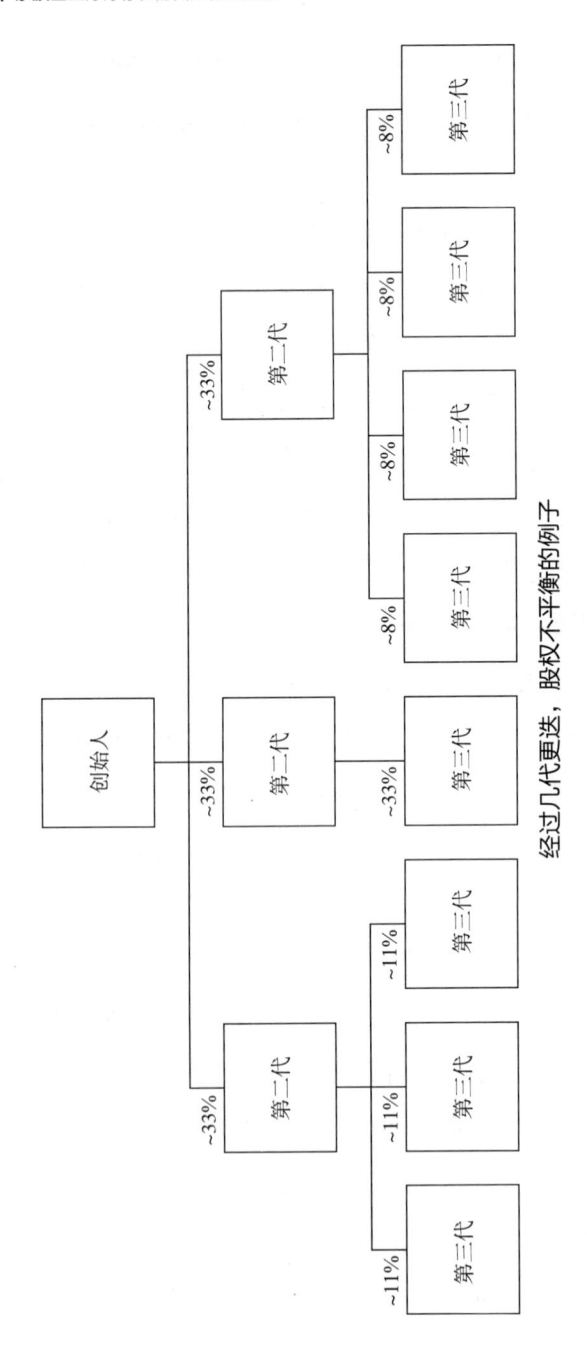

股权结构是怎样的。在亚太地区的很多国家,企业的股权结构十分复杂,其目的是推动税收规则的优化。家族可能通过创立持有股权的家族信托,以避免针对家族的起诉和商业损失。创始人也可以设立使家族企业保持完整的股权结构,同时给予家族成员足够的商业自主权,家族成员可以开办自己的企业。

我们经常看到在不同家族分支、成员之间,一些家族公司互持股权的复杂股权结构,还有缠在一起的金字塔式结构,即多层级的家族公司持有其他公司的股票。我们曾碰到一个相对简单明了的案例:创始人建立了交叉持股的结构,两兄弟互相持有对方企业的股份。兄弟二人分别管理企业的一半事务,但是因为交叉持股的结构,他们不得不在一起工作。虽然他们相处融洽,但他们的配偶却合不来,其中一位兄弟告诉我们:"如果分开,那么事情会容易很多。"

有时候,家族创立的股权结构太复杂,会使得成员们无法厘清关系。金字塔式结构尤为如此。因为所有权层次太多,家族成员可能算不清楚他们的分红数额,以致影响决策。在金字塔式结构中,持股公司控制了另一家上市公司的多数股权,而后者又持有第三家上市公司的多数股权,以此类推。通过控制金字塔最顶层的公司,一个家族尽管只持有处于最底层的公司的少量股份,也可以控制它。复杂的交叉持股结构,加上家族成员必须在各公司持有股份,由此不难看出,这种结构太容易变得无法理解。更有甚者,很多大型家族企业集团设置了复杂的交叉持股结构,涉及的公司多达几十个甚至上百个。

在考虑搭建家族股权结构的同时，如何确保避免破坏性冲突？你需要思考以下几个问题：

- 按照目前的情况来看，股权结构的主要目标是什么？
- 该结构设计是为了防止冲突，或者是结构本身就容易造成冲突？
- 当股份传给下一代的时候，该股权结构还适用吗？
- 有没有可能将股权结构简化，让家族成员更好地理解操作的流程？如果简化不了，怎样让一个家族能够更加清楚地看到其围绕一家公司所做的选择，是怎样影响金字塔式股权结构中的其他公司的？

企业是保持完整还是拆分

和个人关系一样，不管决策背后的逻辑如何，选择在一起或者分开都有着一定的情感重量。根深蒂固的惯性，以及家族企业几十年甚至几百年的历史，都不容易被冷静、理性的决策推倒。在关于家族企业所有权的硬性问题的背后，其实有很多软性问题。有些隐而不发，有些显而易见。即使有这些因素，而且长盛不衰的家族企业受欢迎或者拥有"酷要素"，如果在可预见的将来很可能会发生破坏性冲突，那么现有股权结构的内在需求和好处就不复存在了。家族内部的争端很容易产生企业内的混乱，并且有损其商业价值。

什么样的股权结构对家族和企业的和谐来说是最佳选择？企

业是保持完整还是拆分？家族企业永续经营的利弊各是什么？共享企业所有权如何帮助家族达成期望？这些都是在选择企业是保持完整还是拆分时，家族要考虑的问题。

拆分的理由

如果家族旗下的众多公司或者一家公司的各个部门在不同地区开展不同的业务，客户群体也不一样，那么这种情况的家族可能适合拆分业务。为什么拆分呢？业务拆分有助于维持（或者提升）家族内部的和谐，也可以让下一代不受大集团的束缚，开辟出自己的道路。例如，我们观察到很多显赫的印度家族企业，在第一代或者第二代的时候就选择拆分。具体案例包括：金达尔家族、蒙贾尔家族、安巴尼家族和施里拉姆家族。

在考虑拆分业务的时候，你应该思考以下问题：

- 你的家族内部是和谐还是纷争不断？
  回想一下在第二章的练习中，你的家族与企业之间的关系的特点。关系是不是已经糟糕到不可调和的地步？作为一个家族，你们能不能达成共识并且开展有建设性的合作？家族内部紧张的人际关系和不和谐可能导致大家分道扬镳。
- 家族成员的价值体系和期望是否一致？
  回想一下在第二章的练习中，你的家族企业的目标和家族价值观是什么？家族成员在对待企业、家族和财富创造的需求方面是否一致？他们是否有相同的基本价值观和世界观？在这些问题上的差异，很容易导致家族和企业在互动过程中或者在企业内部产生矛盾。如果某位家族成员的目标是创立市值一千亿美元的企业，而其他家族成员更愿意享受已有的财富、做自己感兴趣的事情，那么冲突就会凸显，而拆分企业也许可以避免冲突。

- 家族成员在企业运营管理的参与度上是否一致？

  在企业的所有权和管理权方面，你的家族成员是否达成了共识，或者有些人更愿意从日常运营活动中脱离出来。在期望的企业参与度（运营模式）上的差异，可能会导致企业拆分。

- 家族成员有没有感觉活在上一代的阴影之下？

  回想一下在第二章的练习中，关于理解家族成员和家族动态关系的内容，还有关于软性问题的讨论。自我实现和成为自己（脱离父辈的控制）是最深刻的心理需求。如果个人在家族企业现有结构之中无法实现这些想法，那么企业拆分就是值得考虑的。

企业保持完整的理由

即使正处于纷争之中，有一些家族仍然希望能够解决冲突，团结在一起。我们发现各大家族选择保持企业完整有四大原因：恐惧或社会偏见、拆分企业的复杂性、保护家族成员中的弱者以及保持企业内部的凝聚力。

恐惧不是做出决策的好理由。但是，很多家族害怕打破幸福美满的表象，所以选择留在一起。家族可能害怕一旦宣布分开，就会名誉受损或者让家族蒙羞。更加实际的考虑是，即使家族内部和谐和合作面临巨大挑战，对公司贬值和财富缩水的恐惧还是能够促成企业的完整。

惯性是一股强大的力量，特别是在跨代的家族之中。在克服惯性的力量、拆分复杂的家族企业的过程中遇到的困难，可能会阻止一些家族分道扬镳。我们在分析股权结构的时候已经看到，厘清谁持有什么股份、公司之间的股权关系都让人感到一筹莫展。

另外，为了给某些家族成员提供生活保障，家族企业也不会选择拆分企业。家族企业能够创造财富、身份以及工作岗位。我们看到很多老一辈的家族企业掌门人希望保护业务能力较弱的孩子，所以需要保证企业完整。在如此安排之下，能力不强的孩子和其他兄弟姐妹共事，仍然可以获得更多的利益。

最后，在一起可能是保持企业内部凝聚力的唯一方式。回顾一下在第二章的练习中，你所在的家族企业的特点和凝聚力带来的竞争优势。例如，在大型集团之中，负责战略和企业并购的职能部门可以为大家服务。而业务拆分以后，企业就需要为独立业务创建新的职能部门。

你的家族如果正在考虑拆分业务，那么试着把分开和在一起的原因分别列出来，这能够帮助你思考。分开的理由是比在一起的理由要充分，还是相反呢？

如果分开，如何分开

如果你的家族认为拆分业务是正确的举措，那么该怎样拆分呢？拆分是一个艰难的过程，会触发过去的软性问题和利益上的纠纷。我们建议，你要特别注意在决策过程中遵循公平、透明的原则。我们认识的一位家族企业负责人对该原则做出了解释:"家族成员必须被公正、公平地对待,而且我们不能剥夺任何家族成员应该享有的任何权利。"在拆分的过程中,在建立和遵循这些原则方面,家族要花很大的力气才能够赢得家族成员的信任。

拆分企业所有权是复杂的。你一定还记得第二章提及的关于企业特点的内容,不同业务的规模、发展程度、灵活性、依赖性和未来发展潜力都不尽相同。由于家族成员对家族企业业务有不同的认知,"平均"拆分所有权并不一定就是"公平"拆分所有权(回顾通过第二章的学习,你对这些认知的分析)。在不同代之间拆分所有权,会在家族不同分支和世代之间创造多层次的股东权益。

我们现在来看一下家族企业拆分的三种选择:公平分割所有权,公平分割财富而不是所有权,不公平分割所有权。

第一,公平分割所有权。我们通常看到的是在企业拆分的时候,各大家族能够公平或者等份地分割所有权。在很多文化环境中,这是为社会所接受的分割所有权的方式,也被认为是对下一代的公平。当下一代的所有成员都公平地参与企业运营时,公平分配所有权就是理所当然的。但是,当受益人在企业的参与度方面有差异的时候,公平分配就变得棘手起来。如果有一些家族成员为企业发展不辞辛劳,而另外一些成员却不劳而获,还能够追求家族生意以外的事业,那这就谈不上公平了。

第二,公平分割财富而不是所有权。针对家族成员对企业付出不一的情况,解决方法是公平分割财富,但同时根据其他标准来分配所有权，其中包括对企业的贡献。家族资产，比如房产、现金或者迎宾馆，可以分配给那些对家族生意没什么兴趣的成员，而不是分割给他们所有权。对于某些成员能拿到流动性资产，而其他成员拿到非流动性资产，现在掌权的这一代人和下一代人对此有没有意见？

第三，不公平分割所有权。最后，在分割所有权和财富的时候，有一些家族可能有意地倾向某一方。这种情况往往发生在重男轻女和长子继承文化盛行的地方。但是，对这种不公平的所有权分割的抵制是大势所趋。在家族企业所有权分配不公平的时候，这些家族会被视为歧视某些家族成员或者偏袒某位家族成员。

厘清复杂的所有权结构以实现某种形式的拆分耗时耗力，还得谨记躲避媒体，不要炒作分家的事情，同时需要法律咨询并警惕在执行过程中出现软性问题。虽然有这些挑战，但拆分业务仍然是维持家族和谐和留存住其商业价值的最佳做法。

如果在一起，怎样在一起

如果你的家族选择不拆分，那么你怎样理顺家族成员之间的关系呢？我们将简单讨论一下怎样分配家族企业的控制权。正如在探讨如何拆分企业业务的时候所强调的那样，决策过程中公平和透明优先的原则，将有利于建立家族内部的信任。

虽然已经讨论过在家族和企业内部怎样确定领袖人选，但是还存在谁应该负责哪一部分业务的问题。主要的家族领头人是不是应该根据其持有的所有权的比例，负责家族企业的相应业务呢？怎样在企业内部分配领导角色呢？

要回答这些问题，你需要考虑家族成员个人和不同业务领域的情况，以及家族一直由谁掌舵的历史问题。你可以回顾一下在第二章的练习中提及的你的家族特点、企业特点以及家族与企业的关系。一直以来，家族中的哪一分支负责哪一部分业务？如果为了更好地匹配下一代的能力和兴趣而重新分配控制权，会不会有人认为不公平？如何在分配的同时，保证这些环节不被某些公司控制（比如价值链的环节、销售渠道、产品线、品牌、商业职能部门）？

上市

最后，规模较小或者历史不长的家族企业，可能会面临公司是否上市的问题。如果你是第一次考虑上市，那么你认为上市会减少还是增加冲突？我们先不聚焦于上市的商业属性（比如改善财务状况、增加股票价值和知名度），而是来看一看家族与企业之间的关系，并将其首要目标设定为防止造成破坏性冲突。

上市是家族成员脱手家族企业所有权的难得的机会。当家族成员在公开市场上售卖自己的股份（在家族内部限制政策出台之前），所有权就不再是一种束缚。个人可以出售股权，从而在家族企业之外保全财富，卸下所有权的负担，同时规避和其他家族成员的矛盾。

上市导致的家族成员丧失隐私和自主权，会引发矛盾，因此家族需要随之制定新的硬性规则。一旦上市，家族企业的内部操作，包括给予家族成员的任何利益的行为，都有可能被曝光。对某些家族成员或者某个分支的偏袒，以前可以隐匿在家族内部，现在可能成为冲突的导火索。家族成员不再有过去的影响力，特别是在事关雇用其他家族成员的时候。媒体的曝光和大众对家族的熟知，也要求家族成员遵守新的行为规则。

这些顾虑不太可能动摇你要推动自家企业上市的决心。主要的担心其实是在上市过程中，该怎样减少可能出现的冲突。

将家族企业所有权的相关关键选择想清楚，只是防止硬性问题的破坏性结果的一个环节。在第五章，我们将讨论选择的过程、做出选择的治理机构、指导家族行为的正式文件，以及家族采取何种方式来解决硬性冲突。

注释

1　Majumdar, Shyamal. *Business Battles：Family Feuds That Changed Indian Industry*. Business Standard, 2014.

2　这些领导者和家族委员会的委员可以重叠，也可以不同。

3　See Koh, Annie. *Asian Family Businesses：Succession, Governance and Innovation*. Edited by Jean Lee. World Scientific Publishing, 2020.

4　See Koh, Annie. *Asian Family Businesses：Succession, Governance and Innovation*. Edited by Jean Lee. World Scientific Publishing, 2020.

5　See Lufkin, Bryan. "Why so Many of the World's Oldest Companies Are in Japan—BBC Worklife." *BBC News*, February

12, 2020, sec. Worklife. https://www.bbc.com/worklife/article/20200211-why-are-so-many-old-companies-in-japan.

6　See Mcclure, Ben. "The Two Sides Of Dual-Class Shares." In *Investopedia*. Accessed August 31, 2021. https://www.investopedia.com/articles/fundamental/04/092204.asp.

7　Kim, Jinhee, Pedro Matos, and Ting Xu. "Multi-Class Shares Around the World: The Role of Institutional Investors." *University of Virginia Darden School of Business Working Paper*, November 2018, 50.

8　See Bombay Stock Exchange. "Tata Motors Company." Shareholding Pattern, February 24, 2022. https://www.bseindia.com/corporates/shpSecurities.aspx?scripcd=500570&qtrid=112.00&Flag=New, Bombay Stock Exchange. "Gujarat NRE Coke Ltd Shareholding Pattern, Gujnrecoke SHP, |BSE." Shareholding Pattern, February 25, 2022. https://www.bseindia.com/stock-share-price/gujarat-nre-coke-ltd/gujnrecoke/512579/shareholding-pattern/.

第五章

所有权引发冲突：硬性问题与治理

在了解了为避免硬性问题升级而引发的冲突，我们需要做出哪些关键决策之后，现在我们要研究如何确定家族与企业交互时所需的治理结构。这些结构存在的意义是为家族建立、调整和执行规则、限制和所有权相关权益的要求。商业型家族总是将企业所有权、爱、自我价值感混成一团，这使得治理硬性问题变得格外棘手。谁能博得家族成员的信任与尊重，扛起制定所有权规则的大旗，并持续做出公正的决策？当家族成员之间出现纠纷时，谁能帮助他们解决问题？面对硬性问题引起的冲突，家族会有何反应，又如何解决冲突？最后，我们会浅析商业型家族规范化家族规则、治理结构和冲突解决机制的几种方式。

对于斯里瓦斯塔瓦家族来说，十分不幸的是，马亨德拉连最基本的治理结构都没能建立起来。他觉得自己只有四个孩子，没必要搞一套正式的治理结构或是厘清硬性规则。然而，他没有考虑到他的一众孙子孙女在成年后，也会开始规划自己在家族企业中的职业轨迹，届时会发生什么。谁能决定他们够不够格、能担任什么职位？这么一大群人要如何在一起工作？

马亨德拉对斯里瓦斯塔瓦集团的事务异常保密。通常情况下，他都是自行决策，然后像颁布敕令一样直接下达，根本不管子女、孙辈是否反对，只希望他们乖乖屈服于他的意志。过去十年间，这种情形倒是有所缓和，主要是因为郁夫坚持要求集团里应该多一些信息冗余。所以，马亨德拉近期在做一些集团决策时会咨询纳文（担任集团法律总顾问30年）和贾拉吉（独立咨询顾问，与斯里瓦斯塔瓦家族结识约10年）。如今，马亨德拉的辞世给所有人都带来了巨大的情绪压力，他的子女都需要一个不偏不倚的顾问，帮他们在未来的所有权问题上做出冷静的决策。

规避冲突：家族与企业交互时所需的治理结构

对于软性规则，每位家族成员都可以自己努力规避带有情感后果的冲突。而对于硬性规则，其中一些还具有法律约束力，想要单独取得进展就难多了。比如，你可能想修改家族企业领导者的选拔规则，但这样的变动可能需要家族成员达成共识。

我们认识的许多家族都设定了正式的治理结构，以改善家族与企业交互产生的相关工作。随着第三代甚至往后的家族成员进入企业，或者家族旗下公司越来越多，抑或是不同家族成员之间目标各异、才能不均、动力不相等，家族面临的情况会更加复杂，此时决策机构就能够帮助家族企业运作，也可以提供必要的讨论机制来商讨硬性规则，比如所有权规则和管理规则。

家族治理机构不参与企业的日常运作。与企业各业务板块或集团旗下各公司运营有关的商业决策，必须由各家公司的指定领导者决断。

家族领导者一定要扪心自问，自己的家族或企业是否已经复杂到需要建立正式的家族治理架构来管理的地步。这样的架构对下一代重要吗？如果家族企业创始人不在了，你要怎样做出关于硬性规则的关键决策，比如如何分配所有权、财富和利益？接下来我们将简要介绍一下家族协会和家族委员会，你可以考虑引入这两个架构以促进家族与企业之间的关系。我们还会提到家族办公室及其在保障家族财务、资产和支持其他业务顺利开展方面的作用。

当你考虑这些治理机构的时候，请记住，它们不能完全代替软性规则起到维护家族和平的作用。虽然正式的治理机构肯定能帮助家族更好地与企业交互，但对于家族内部存在的缺乏尊重精神或明显的不公平现象却无能为力。

家族协会

家族协会本质上是一个家族讨论机制，集中了需要了解企业所有权相关决策的家族成员。一般来说，传承到第三代及以后的家族都会建立起某种类似于家族协会的正式或非正式机构。该协会可以让拥有所有权的所有家族成员参与到某些商业决策的制定过程中，无论他们是否在企业里任职。

家族协会的主要职能是选出一个较小的团体（例如家族委员

会）来监督或参与企业运营，并明确家族委员会的成员准入及退出规则。除了本章后面讨论的具体责任，家族委员会成员必须遵守家族协会设定的规范，并负责将家族委员会的决策告知家族成员。会议议程可能还包括家族投资组合的表现、企业重大变化或者修订家族宪章（如果家族有的话）。

此外，家族协会还为参会成员提供了一个平台，以便他们分享对企业经营的关键因素的看法，比如对分红、风险和集资的预期。这些拥有所有权的家族成员也有权为企业高管（无论是家族成员还是职业经理人）划定经营活动的范围。家族协会甚至可以讨论该如何公平对待家族的不同分支。除了这些任务，家族协会要做的决定相对较少，主要还是充当一个交流的论坛。

通常情况下，家族协会的成员只能是掌握家族企业所有权的家族成员。在会上，一般都是通过投票进行决策，但每一票的分量轻重却因家族而异。在有的家族中，投票权按所持股票数量进行加权，多数通过即可确定决策。而在另一些家族里则是协会成员每人一票，权重相等。协会成员可能需要选举出一位主席，并赋予这一职位相应的权力。

家族协会的会议召开频率可以高至每季度一次，也可以低至两年一次。许多家族会借此时机让家族成员恢复联络，重新建立起私人联系，否则由于距离和家族规模的影响，大家可能很难保持联系。在开会时，你可以考虑一下留点时间给娱乐、家族成员联系以及家族与企业的教育相关活动。有没有哪项体育运动或是集体活动能够让家族成员聚在一起，比如看一场电影、玩一个游戏？哪些活动可以让你们为一个共同的目标通力合作，但压力又不会太大？我们在第二章提到的一些增进对彼此的了解的练习，比如拍一个简短的家族视频，同样适用于家族协会。

最后，家族协会的成员可能会发现，设立各种委员会来支持家族的重要事务的开展还是很有用的。常见的委员会包括教育委员会、职业规划委员会、股份赎回委员会和娱乐与家族聚会委员会。[1] 如果你选择组建各种委员会，那么这些委员会将如何与家族协会和家族委员会互动呢？

家族委员会

家族委员会由家族协会指任或选举成员产生，是家族协会的一个分支，通常规模只有4～10人，其任务是做出家族与企业交互所产生的相关事宜方面的决策。家族可以相当灵活地决定家族委员会的规模及其扮演的角色。同时，这个平台也可以为不在家族企业中担任管理职务的家族成员提供另一种领导岗位。

家族委员会可以就所有权、管理、商业战略相关的各种问题做出决策。在所有权方面，家族委员会可以制定家族协议与股东协议中的关键条款（比如财富分配、分红政策、股票套现原则和退出政策），监管家族成员的其他收益、家族基金的投资决定，以及对家族宪章的遵守。如果家族也参与企业管理，那么家族委员会可能会决定允许哪些家族成员进入企业，并为他们的薪资、准入和退出制定相关规则，参与领导层继任决策，以及做出关于家族成员的绩效评估、职业发展和晋升或辞退的决定。最后，家族委员会还会做出商业战略方面的决策，比如安排谁进入董事会、投资、撤资、收购等事宜，以及向董事会提出关于分红的建议。有些家族与企业的规模较大、情况较为复杂，家族委员会便下设多个小组委员会来履行这些不同的职责。

如你所见，家族委员会可能会肩负重任。而为了履行责任，委员会成员可能每个月或者每个季度都要开会。为了巩固家族领导权，家族委员会的成员通常都有固定任期（比如3～5年）和任期上限。决策一般需要多数投票通过，每人只有一张票。而对于一些敏感的决策，比如将某人从家族委员会或家族协会中除名，可能需要提高投票阈值。

不同家族的家族委员会在规则上有很大的不同，要想这一正式的治理架构行之有效，一套定制的方案必不可少。为避免家族内部就这些治理机构的设立与运作产生冲突，我们建议你时刻谨记以下原则：

- 透明度至关重要。资格标准、任期上限、成员选拔、委任授权、投票过程和除名免职都要向家族协会和家族委员会的成员全面公开。
- 家族委员会必须确保家族的所有团体或分支都有代表席位，这对于大家族来说可不容易。
- 对于较大的家族，家族委员会与家族协会的主席的职能非常敏感，其继任需要单独进行规划。
- 家族委员会要对家族协会负责，并且必须定期向全体家族成员公示近期决策。
- 家族委员会成员最好不要插手家族企业的日常运作，除非他们在企业内有任职。

家族办公室

在家族企业里，企业总是会满足家族成员的非正式需求，包括但不限于帮他们申报个税、家族迎宾馆的使用、让家族成员免费使用公司资源（比如车、飞机）。随着家族规模的扩大，家族办公室可以简化并改进财富与资产管理，同时为家族提供企业日常运营之外的专项人力资源。更重要的是，家族办公室能够提供必要的结构性支持，以避免家族内部就治理机构已决定的硬性规则的管理事宜产生冲突。

我们观察到，家族办公室通常有五项职责。

第一，保护资产不被剥夺。家族最大的财富来源可能就是家族企业。家族办公室可以通过建立信托等，将家族财富与家族成员个人财富分开，以保证家族在卷入法律诉讼时，家族财富可以不受牵连。

第二，优化税收。家族办公室里的专业法律人士负责制定最优的公司控股结构，以减少应纳税款。而根据地方法规，控股结构可能要引入全方位的专业服务来减轻税务负担，以及预估税法的变更。

第三，遵循家族意愿或家族协议。基于相关的法律与财务机制，家族办公室可以选择强制推行家族领导者的想法，或是遵循家族（股东）协议。这可能包括哪些家族成员会分到多少钱、给慈善机构或者家族慈善基金会多少捐款等。在某些情况下，家族办公室还可以进行家族共同资产的打理与使用，比如房地产、艺术品，或是某些传家宝。

第四，打理家族财富。家族企业的财务顾问负责打理家族财富（企业经营范围以外）并确保为各年龄层的家族成员提供充足的收入来源。对利润回报的管理方式往往类似于养老基金，或是医院或大学的捐赠基金。[2]

第五，顾问服务。对于任何与家族成员有关的问题，家族办公室都能够提供一系列的咨询或支持服务，比如教育问题、医疗问题、法律问题以及旅行建议。

考虑到这些职责，家族办公室一般雇用的都是家族领导者信得过的、忠诚的法律顾问和财务顾问。[3] 不过，其他品质也很重要，比如对家族的忠诚度和优秀的专业能力。由于你需要和他们保持密切沟通，所以必须得考虑在性格方面他们和家族领导者是否合得来，还要考虑家族办公室的负责人的风险偏好是否和家族领导者差不多。

如果你的家族企业已经有家族办公室了，那么请问你和它合作得好不好？谁来评估它的表现？可能是由家族委员会负责监督家族办公室。如果没有家族委员会，那也可能是由家族企业领导者负责。

家族是否需要家族办公室这样的一个组织架构，取决于家族的规模和家族财富结构的复杂程度。家族有没有现在无法满足,但引入家族办公室就可能满足的需求?家族领导者是否缺乏管理家族资产和企业资产的能力或专业知识?哪些投资决定必须通过家族才能拍板?对于资产雄厚、人员关系繁杂的家族来说,由家族办公室来管理这些资源的分配,可以大幅减轻家族成员执行规则的压力。

> **思考题:治理**
>
> 通过组建强有力的治理机构,你可以为有效解决硬性问题引发的冲突打下基础。但建立这些组织需要时间。你可以从以下问题入手:
>
> - 哪些治理机构可能已经以非正式的方式存在于你的家族之中了?你需要怎么做才能让这些机构变成正式机构?
> - 你预计在选择家族委员会领导班子的时候会遇到哪些巨大的挑战?你要怎么克服这些挑战?
> - 根据你的家族企业的规模和复杂程度,是否需要引入家族办公室?如果家族已经有家族办公室了,还需要添加哪些职能才能让家族办公室帮助家族更顺畅地运转?

应对冲突与化解冲突

与软性问题引发的冲突类似，未雨绸缪同样适用于解决硬性问题引发的冲突。解决硬性问题引发的冲突需要对家族与企业交互时产生的相关事务足够敏感。考虑到有些硬性规则会牵涉到法律或监管方面的影响（比如股东协议），而有些则不会，因此不同的个体或群体可能要各自负责维护一部分硬性规则。下面我们会简单地谈一些关于化解因硬性规则而引发的冲突的细节。

重大冲突仲裁人

如果在处理家族与企业交互时产生的相关事宜中，因所有权产生了实际的问题并引发冲突，该由谁来仲裁？家族有很多人选，当然还必须是家族成员。最合适的可能是某位家族企业领导者，因为他在家族和企业两个层面都有一定的优势。

然而，如果有人打破了硬性规则，这时可能需要一个中立的声音。我们经常能看到，有些长期以来备受信赖的家族顾问会在此时扮演这个角色。这些顾问可能来自不同的专业服务领域，比如咨询、法律或者财务，也可能是公司董事会的独立董事（也可能不是）。关键在于，他一定得有公认的独立、公正，而非某位成员或者某个分支的棋子。此外，他还必须获得全家上下、男女老少一致的尊重。讲到这里，你有没有想到哪位经常和你的家族合作的合适人选？

我们还看到过，有的家族会设立一个独立的监察委员会，来监管家族成员遵循硬性规则的情况。例如,与我们合作过的一个家族就有这样的监察委员会,一共有四位成员,其中两位来自家族,另外两位则是独立监察员。家族委员会的权威与公司章程挂钩,任何继承公司股份的人都必须接受家族委员会的决定。

上述监察员或监察委员会的许多品质,同样适用于独立的家族顾问。在品性上,独立顾问应该要值得信赖,懂得保持界限,守口如瓶,情商极高且为人处世成熟。独立顾问还应该积极倾听、善于沟通(尤其是在和不同家族分支、不同世代的家族成员合作时)、随机应变、公开透明等,并且对家族与企业交互时产生的相关事务有深刻的了解。同时,能够不偏不倚并获得家族成员的尊重,尤其是老一辈家族成员的尊重,对独立顾问来说也非常重要。

硬性问题的冲突解决机制

冲突解决机制阐明了解决冲突的过程,以避免在应对冲突时有任何含糊不清或拖延耽搁。一旦冲突骤起,你的家族会率先采取哪些非正式的步骤来化解冲突?谁来主持谈话?如果冲突升级到需要引入咨询委员会或独立顾问等,该由谁来做这一决定?这个问题要用哪种讨论机制?决定明确之后,该如何告知家族成员?回答好这些问题,可以帮你建立一个专属于你的家族的冲突解决机制。

例如,与我们合作过的一个家族在成员违反行为规则后,会通过以下方式解决冲突。在事件发生后的 72 小时内,所有的分歧必须妥善解决,或者启动和解程序。第一步是让各相关方面对面对话。如果在接下来的三天内事件没有得到解决，会有一名（内部或外部的）调解员来引导沟通。若各相关方仍旧各持己见，会有一位家族领导者或企业领导者出面，做出具有约束力的最终决定。无论如何，家族内部的争端都绝不可以闹到对簿公堂的地步。

思考题：化解冲突

家族对中立的冲突仲裁人的信任要建立在与其反复互动的基础之上，因为只有这样，此人才会对家族有深刻的了解，同时能在此过程中为家族解决些小问题。家族的冲突解决机制可以让这个人在冲突发生的第一时间介入，或者也可以先走家族内部的流程。在思考如何帮助家族准备好迎接冲突时，请尝试回答以下问题：

- 当硬性问题引发冲突时，哪位独立顾问或者家族密友能够提供帮助？他们中又有谁能让各个分支、老少几代都信服、尊重？
- 你的家族会采取怎样的程序来解决冲突？
- 谁能充当调解员？是家族委员会的成员，还是家族企业领导者？
- 由谁来做出这个具有约束力的最终决定？

正式阐明并制定家族规范

至此,家族先后针对所有权相关的利益、责任和限制做出了关键选择,确定了解决硬性问题所必需的治理机构,并制定了冲突解决机制。在这之后,许多家族都会选择通过管理文件正式确立治理机构。规范家族成员行为的家族行为准则(以下简称行为准则)和整合了所有权相关的硬性规则的家族宪章,是我们观察到的最常见的明文确定家族规范的方法。这些文件要发挥作用,必须公开透明,而不是交给一小撮家族领导者束之高阁。

行为准则

行为准则规定了家族成员的行为方式,特别是与家族企业相关的行为方式。行为准则可能与软性规则有所重叠,因为某些会引起情绪反应的行为也可能产生实质性的、严重的后果。有几类规则并不互斥。

我们观察了行为准则涵盖的七个主要议题,它们分别是家族成员间的互动、家族成员与媒体的互动、家族姓氏的使用、家族成员与社会组织或宗教团体的联系、政治活动、财务担保人的角色,以及家族应对违法行为与不道德行为。下面我们将依次探讨这七个议题。

第一,家族成员间的互动。家族成员之间出现纠纷通常如何化解?你的家族会允许成员通过司法程序解决纠纷,还是只允许成员通过内部机制解决纠纷?与我们合作的一个印度家族就严令禁止家族成员因为内部问题而对簿公堂，家族成员只能通过内部调解程序来解决纠纷。家族之所以将这个议题纳入行为准则，是为了降低私人纠纷的曝光度，由此减弱关心此类事宜的投资人或商业伙伴对企业稳定性的怀疑。

第二，家族成员与媒体的互动。与上一个标准类似，这一行为标准也是为了最小化家族成员之间的纠纷对企业的影响。任何与媒体机构的互动都有可能造成外界的困惑与恐慌，最终导致家族隐私受到侵犯或暴露在心怀不轨的人面前。你的家族会允许哪类媒体宣传？谁有资格代表家族或企业发言？关于家族和企业，发言人又能透露哪些内容？

不同家族处理这个问题的方式也不同。例如，与我们合作的一个印度尼西亚家族认为宣传是积极有效的商业工具，但只有指定的家族发言人才可以接受媒体的曝光，并且禁止公开分享家族的照片。而与我们合作的另一个美国家族则要求保持绝对的隐私。

第三，家族姓氏的使用。家族姓氏是家族品牌的代名词，对传承多代的家族企业来说更是如此。有的家族甚至会用姓氏来命名其最知名的产品，比如印度的巴贾吉家族就将其标志性的小型摩托车命名为"巴贾吉"。家族成员如何使用家族姓氏？任何有血缘关系的亲属（比如小孩子）都可以冠家族姓氏吗？有的家族是允许的，即便按照传统（比如随父姓或随母姓），孩子应该取另一个姓。家族成员可以用家族姓氏为自己谋私利吗？或是给家族企业之外的事业当招牌？

第四，家族成员与社会组织或宗教团体的联系。在一些家族中，家族成员与社会组织或宗教团体的联系是团结家族的核心媒介。而在另一些家族看来，与这些团体产生联系可能会损害企业的声誉，或让人无法专心于家族这边的工作。你的家族如何看待家族成员与社会组织或宗教团体的联系？我们从两条单独的规则来讨论这个议题，可能会更容易一点：一条规则针对社会组织，另一条规则针对宗教团体。是否允许家族成员加入社会组织和（或）宗教团体，成为其中一员？成为领导者呢？成为董事会成员呢？

第五，政治活动。我们注意到，对于家族成员是否可以积极参与政治，不同家族有不同的看法。与我们合作的一个日本家族禁止家族成员加入任何政党、提供任何公共服务，或正式参加任何政治活动。如果家族里出了一名政客，很有可能会引发猜测，家族企业和政府监管机构之间是否存在利益冲突。要是和家族走得很近的官员被发现竟是贪官污吏或卷入丑闻，会对企业不利，而政权更迭或执政党席位变换也可能会让家族遭到反噬。与之相反的是，我们知道有的印度家族的成员则会积极从政。

你的家族是否允许家族成员参与竞选或出任政府的政务官？家族支持政治候选人的规则是什么（比如政治献金、背书支持、一同亮相）？

第六，财务担保人的角色。家族成员可以向外人承诺经济支持吗？虽然这个问题看起来很无害，也很好回答，但请你考虑一下这样的情况：你的孩子有一位大学好友现在搬到了你们所在的国家工作，你的孩子能为这位好友的公寓租赁合同提供担保吗

（许多国家的法律都要求必须有担保）？如果合同或贷款违约，那么家族成员很可能会被卷入法律诉讼。因此，有的家族禁止其成员提供任何类型的财务担保。

第七，家族应对违法行为与不道德行为。这个议题看似"简单"，但是仔细观察后你会发现，其实十分复杂。如果家族成员经核实，确实有过腐败行为或不道德行为，你的家族会有何反应？针对腐败行为的指控时又会如何应对？有些新兴市场的司法体系有着严重的偏见，出于政治动机的虚假指控可能真的会构成合法威胁。你的家族会如何应对这种情况？

你的家族可能还有其他一些具体的担忧，需要将其纳入自家的行为准则。比如，我们看到有的家族明确规定了其成员是否可以用自己的私人账户来投资某些行业或公司（例如竞争对手）。有的家族可能对其成员的个人形象有限制，必须遵守一定的规范。在家族与企业交互方面，你的家族还特别重视哪些一般性行为标准？

在确定了这些行为标准之后，你可能得考虑该如何惩罚那些未能遵守这些标准的家族成员。你要如何解决问题？谁来负责跟没有遵守准则的人交涉？

家族宪章

家族宪章是我们前面讨论过的硬性规则的集大成者，也是家族与外部组织都可以参考的综合性文件。除硬性规则外，家族还可能想要明确家族运作的过程要素，包括过程步骤、正式参与人，以及如何发起讨论和安排时间。和家族的所有"规则"一样,家族宪章应该聚焦于家族自身的特殊情况,而不是一份炮制了的、公式化的或者预制的文件。我们经常会在家族宪章中看到以下内容:

- 家族价值观(参见第二章)
- 企业对家族的意义(参见第二章)
- 股东协议(或家族协议)
- 关于所有权、财富和利益分配的规则
- 所有权规则
- 管理与任职规则
- 企业领导者的选拔规则
- 冲突解决机制

和家族企业里的所有事务一样,家族宪章也需要不断修订、更新。家族成员公认的公平、公正的规则的修改过程是什么样的?新的规则需要谁同意通过?是家族企业股东、家族委员会、家族企业领导者,还是家族协会?定期修订家族宪章的频率是(比如三年或五年一次)?

与我们合作的各个家族对待家族宪章(或家族宪法)的方式各不相同。有的家族非常注重其是否"正确",并会将其提交给国家证券公司或者交易委员会。某个家族花了500多个工时来撰写家族宪章,并由家族内所有21岁及以上的成员对其进行定期更新。另一个家族向我们解释道,虽然他们写了家族宪章,但家族并不会参考它,他们的初衷只是未雨绸缪。另一个与我们合作的家族选择不制定家族宪章,认为它会让下一代过于紧张;他们家族更重视友好的分歧化解和软性规则。只要家族成员之间达成共识,任何处理家族宪章的方式(甚至是决定不要它)都是行之有效的。

和国家宪法一样,无论你多么努力,家族宪章都永远不可能面面俱到。如果你要制定一部家族宪章,那么我们建议你不要总想着阐明细枝末节,而是要把重心放到确定什么是良治和程序上。这样你才能够在冲突和问题出现时,以更加有序、更加透明的方式解决它们。

> **思考题:正式阐明并制定家族规范**
>
> 在思考所有这些关于硬性规则的关键选择时,请尝试回答下列问题:
>
> - 目前,你治理家族的方式是否可以既满足家族的需要,又保证透明、公平,以防止出现硬性问题与软性问题?如果不能的话,你可以怎么改善现在的家族治理模式?
> - 有哪些关键规则已经由家族讨论过了,并且现如今正在稳定发挥作用?哪些规则需要改善或细化?而在这些规则中,哪些是优先级最高的关键规则?

- 要解决治理问题或是做出关于硬性规则的关键选择，你需要让家族中的哪些人参与进来？你要怎么做才能让大家相信这是你基于共同利益，而非一己私利做出的选择？

注释

1　See IFC. "IFC Family Business Governance Handbook." Washington D.C.：IFC，2018. https://www.ifc.org/wps/wcm/connect/2c93b2cb-dec6-4819-9ffb-60335069cbac/Family*Business*Governance_Handbook.pdf?MOD=AJPERES&CVID=mskqtDE.

2　See Baron, Josh, and Rob Lachenauer. *Harvard Business Review Family Business Handbook*：*How to Build and Sustain a Successful, Enduring Enterprise.* Harvard Business Press, 2021, pg. 237–251.

3　See Mohamed, Tayyab. "Career Trajectories to the Top：Where Does the Ideal Family Office Leader Come from? | Campden FB." Campden Family Business, August 3, 2021. https://www.campdenfb.com/article/career-trajectories-top-where-does-ideal-family-office-leader-come.

第六章
关于战略的争吵：商业问题

最后一个经常发生冲突的领域就是家族企业内部。就其本质而言，"商业问题"与公司董事会所讨论的其他问题没有什么不同。关于如何快速扩张或如何分配资本的问题，以及其他许多问题，都可能导致分歧，并演变成破坏性冲突。

上市公司的家族成员之间的分歧则提出了特殊的挑战。在上市的家族企业中，家族利益与家族持股份额挂钩，这就使家族与其他股东之间产生了利益方面的竞争关系。家族成员必须在受监管的公司治理结构（比如董事会）的限制下，在商业决策上表现一致。如果内部不统一，掌握上市公司的家族就有可能丧失对公司的把控力，甚至失去其所创立的公司。

例如，斯里瓦斯塔瓦家族内部在许多商业问题上都存在分歧。过去，无论哪位家族成员在哪家公司担任董事，马亨德拉都可以用一纸"敕令"解决这类问题。现在他不在了，意见不合的家族成员必须赶在分歧显露前尽快解决问题，以免其被自家上市公司的董事们发现。

破碎机公司是家族最早创建的公司，也是利润最丰厚的公司，因采矿作业造成的环境退化问题见报而声誉受损。当地报纸上的文章将破碎机公司描述为国家自然美景上的一道永久伤疤，称其对濒危的生态系统造成了损害。对于南迪尼来说，考虑到她的政治抱负，以及长期以来她在家族的帕里瓦尔坦基金会和其他非营利性组织中的工作，破碎机公司破坏环境的黑历史可以说是一个大麻烦。此外，破碎机公司的所作所为还违背了南迪尼心目中的家族环保价值观，这也是帕里瓦尔坦基金会从建立之初就确定的核心价值观。

自从阿比吉特接管公司以来，情况每况愈下。二十多年来，南迪尼一直不断敦促阿比吉特要么卖掉破碎机公司、挽救家族声望，要么长期投资环保业务、停止破坏当地的生态系统。然而，就这么放弃掉家族的第一棵摇钱树，阿比吉特不愿意。

作为破碎机公司的董事长兼CEO，阿比吉特更倾向于怎么简单怎么来（比如搞搞营销、种几棵树），而他做的这些事在南迪尼看来只是在"漂绿"公司而已。由于郁夫和赛也都是破碎机公司的董事，情况就更复杂了。赛支持卖掉公司，甩掉这个大麻烦，再用拿到的钱去扩张业务，做一些没那么"尘土飞扬"的生意，比如金融科技。然而，郁夫对破碎机公司和硕业公司之间的一体化供应链的需求有更深刻的理解，所以他主张重新思考采矿的基本方式，并进行必要的投资，从而将破碎机公司转变为一个真正可持续发展的企业。

斯里瓦斯塔瓦集团内部的另一个商业问题就是扎普电力公司

的未来，它需要在公司战略和资本分配方面进行调整。作为一家火力发电公司，扎普电力公司也面临着环境质量相关的批评，特别是空气污染。随着技术的发展，以及太阳能与风能开发成本的降低，郁夫身为扎普电力公司的董事，希望可以将扎普电力公司转型为一家清洁能源公司。然而，前期投资将导致未来至少五年内，家族成员的分红大幅降低。扎普电力公司的CEO、第三代家族成员比乔伊则认为对环境的担忧被过分高估了，根本没有重要到值得家族为其投资。而他的父亲阿比吉特，同时是扎普电力公司的董事长，也赞同他的看法。

斯里瓦斯塔瓦家族在将建议提交至董事会之前，会如何先在内部就公司战略和资本分配达成一致意见？家族会利用哪种方式就商业问题达成共同立场，并将其提交给公司董事会？为此，我们探讨了哪些商业问题可能需要家族内部探讨，以及家族为解决这些问题可能会建立什么讨论机制。

家族在商业问题上达成一致

当家族拥有并管理上市公司时，家族利益很可能会与其他股东的利益产生冲突。与其他任何上市公司一样，上市家族企业里大小股东之间关系十分紧张。这种紧张源于小股东对大股东可能采取的行动的恐惧，因为大股东做决定时几乎不会考虑小股东的利益。而从世界各地公司的大股东劣迹斑斑的历史来看，这样的担心不无道理。家族企业就更让人信不过了，而且有的家族企业已经陷入了滥用公司资金的丑闻。

目前的监管情况为小股东提供了更多的保护。例如，在印度，证券交易委员会规定了最低公众持股数量的要求，并且会制裁未能遵守该规定的公司。[1]虽然在很大程度上，所有股东都受益于这些新规，但商业型家族内部如今更需要据此达成共识，依法开展工作。在公司召开董事会会议之前，家族内部要先就商业问题达成一致，这对确保家族利益得到充分考虑至关重要。代表家族的董事们必须在资本分配、债务问题、增长目标、公司战略和高层领导任免等关键问题上共进退。

有一点要说清楚，我们不是在建议家族企业进行任何邪恶的或不正当的活动。恰恰相反，我们敦促家族成员要注意自己的行为，确保家族作为最大的股东，其声音可以被听到。如果家族内部有分歧或冲突，那么家族就会失去对自家的企业施加影响的能力，即便这家企业承载了深厚的家族历史。

你的家族里有没有过因家族成员对关键的商业决策意见不一，最终以混乱收场的事情发生？家族要如何才能发展出足够的内部一致性，通力协作，以防止外部势力篡夺家族对企业的控制权？家族如何做出商业决策，参与商业活动，并保护家族的利益？家族内部就商业决策而产生的冲突会威胁到企业的稳定性和业绩，也会破坏家族关系。

定义商业问题

当我们考虑公司董事会所面临的商业问题时，家族成员所提供的观点会在很大程度上倾向于业绩问题。而董事会既要负责让公司遵守所在国家的规范（比如遵纪守法、透明度、报告），又要负责公司业绩方面的事宜（比如战略、资本分配、CEO任命）。在遵守规范方面，几乎没有什么可变动的余地。这些规范一般都由监管机构制定，尽管家族成员有时会卷入法律问题，而且受影响的可能不止一家公司。而企业的业绩可以通过家族持有的股份直接影响到家族，因此需要持续关注。

在业绩方面，最有可能产生冲突的问题就是资本分配、战略和领导者任免。下面我们依次讨论各个问题。

资本分配很可能直接影响到家族成员得到的分红。家族是否愿意为关键的企业数字化升级筹集资金，哪怕这么做会稀释股份？企业该不该通过举债或减少分红来收购一家初创公司？家族目前是否需要最大化分红来支持婚礼或其他重大的家族活动？确定如何分配和筹集资本可能是企业治理论坛最重要的职责。

战略相关的问题可能与资本分配问题紧密相连。例如，一项战略收购可能会对资本分配产生影响。有的战略问题则会考验家族能够在多大程度上为了实现长期目标而忍受短期阵痛。根据家族对增长的预期以及培植下一代进入企业的计划，制订一份五年计划或许可行。

战略还可能牵涉到一个企业联合体所特有的话题——集团化。在有的家族里，把家族旗下的公司组成一个集团可能纯粹是出于所有权考虑，由家族委员会决定。而在有的家族里，集团化可能是为了整合各公司的所有权、共享协同增效带来的机会，从而实现一加一大于二的效果。若是旗下有上市公司，家族则必须在决定是否集团化前先将其交由董事会讨论。

家族在家族委员会中产生的对领导任免的看法（比如，领导职务应该由家族的哪一分支或哪一代人担任）可能符合企业的需求，也可能不符合。谁来考虑企业的需求到底是什么，以及如何根据这些需求最好地安排家族成员？每位家族领导者在企业中的地位如何？参照其他非家族成员的高管的薪资，家族成员的薪资水平应该是什么样的？

最后，客观评价由家族成员出任的家族企业领导者以及企业员工也是一个重要的商业问题。某位家族成员在公司里表现如何？考虑到家族内部其他成员的施压或报复，直接让人力资源部门来评估可能不太现实。正如本章稍后会谈到的，这时可能需要引入一个新的讨论机制来独立进行绩效评估，并决定某公司内部或整个家族企业范围内的晋升与职务分配。

在这些问题上，家族成员的观点必须达成一致，以便在与董事会接触时家族可以统一战线。在公司的董事会中，若家族成员之间存在不同观点或强烈分歧，会削弱家族的影响力和作为大股东所起到的作用。如果不加控制，这样的冲突可能会对家族财富以及家族成员到家族企业任职产生重大影响。

思考题：商业问题与家族意见一致

- 你的家族里在哪些商业问题上经常发生冲突？

- 有没有哪几位家族成员反复提到某些特定问题？
- 你想要建立哪些指标来评估在家族企业里任职的家族成员的表现？

从家族视角看企业治理

当看到这一部分的标题时，你可能会想："怎么还有一个专门讲治理的部分？公司不是已经有监管的治理论坛了吗？"请允许我们用一个例子来解释。

无论是破碎机公司要过渡到可持续的骨料开采业务，还是扎普电力公司要从火力发电过渡到可再生能源，斯里瓦斯塔瓦家族都必须通过公司董事会为商业决策提供意见。短期内，这两个方案中的任何一个所需的资本投入都会减少家族的分红。两家公司内约半数的董事都是家族成员。在马亨德拉去世后的这个特殊节点，董事会中的家族成员将如何统一确认这些投资和战略变化对家族是否最有利呢？

在公司董事会的限制下，家族将如何扮演其角色，做出对家族和企业最有利的决断？作为最大的股东，家族很有可能在董事会中占有一个或多个席位，并任命其他独立董事。然而，仅仅是在董事会中占有席位并不能保证家族董事会成员就对家族企业了如指掌，也不能保证他们会在董事会的决策方面达成一致意见。

所有代表家族的成员都必须有明确的方向。

不同家族会用不同的方式治理企业,但有一点是大家都一样的,那就是在思考商业决策时,家族一定会从自身利益最大化出发。家族所采取的手段必须使其为四种主要活动做好准备:

- 从家族成员的讨论中总结观点。
- 让家族在推进商业决策方面达成一致意见。
- 使评估更加客观,包括为企业内部决策提供正当解释,并从投资组合的角度来看待这些决策对集团其他公司业务的潜在影响。
- 在面对复杂、棘手的遵循规则的问题,尤其是存在风险的问题(比如环境风险或名誉风险)时,一定要寻求其他人的意见。

企业治理论坛

不同于职责明确的董事会[2],公司里没有一个正式机构负责从对家族最有利的角度做商业决策,或是让家族了解公司的商业需求。为家族建立一个独立的论坛,来讨论商业决策并就此达成一致意见,实际上是不符合规范的。鉴于这样的论坛缺乏法律依据,有的人甚至会称之为虚构的实体。

我们帮一些多代同堂的大家族建立了企业治理论坛。这些论坛由家族领导者组成,负责就本章前面提到的商业问题做出决策。无论是称之为"家族理事会""管理咨询委员会",还是别的什么名字,该论坛都不同于家族委员会。它的重点是商业决策,而非所有权决策。论坛成员必须对企业的运营和管理都非常熟悉，而且作为一个集体，该论坛应该有权对家族旗下的所有公司发表指导性意见。

企业治理论坛和家族委员会的职责的确可能重叠，而且在较小的家族里，这两个机构的成员可能是一样的，但他们分析的角度却是不同的。企业治理论坛的工作是为企业的管理和运营寻找最优解，同时牢记家族的利益，而家族委员会的工作则是解决企业所有权问题。

下面是一些在建立企业治理论坛时，你可能想要界定清楚的细节：

- 成员构成：论坛要吸纳多少成员？在论坛中任职有什么要求？如何选拔成员？成员的任期安排？是否设立主席？是否要引入独立的外部顾问？
- 开会频次：论坛成员多久开一次会？由谁来设定议程？
- 决策：决策需要全员同意才能通过吗？如果不是的话，有什么参考准则吗？出现平票的情况该怎么办？
- 支持：家族要投入哪些资源（比如总顾问、资金）来支持论坛？

思考题：企业治理论坛

你如果现在在思考企业治理论坛对家族有何益处的话，那么可以尝试回答下列问题：

- 如果企业治理论坛和家族委员会互动，会以怎样的方式进行？
- 如果企业治理论坛和家族委员会的成员是一样的，他们要怎样区分自己在不同机构里的"帽子"或立场（所有权问题对商业问题）？
- 如果你的家族已经有企业治理论坛了，那么现在论坛内部存在的主要问题是什么？而你又要如何解决这些问题？

注释

1. SEBI—Securities and Exchange Board of India. Circular CFD/CMD/CIR/P/2017/115. "SEBI | Non-Compliance with the Minimum Public Shareholding（MPS）Requirements." Circular CFD/CMD/CIR/P/2017/115，October 10，2017. https://www.sebi.gov.in/legal/circulars/oct-2017/non-compliance-with-the-minimum-public-shareholding-mps-requirements_36216.htm.

2. 董事会的典型职责包括任命CEO与执行董事、支付CEO工资、分配资本，以及战略监督。通常来说，这些职责都由董事会的附属委员会监督，比如审计委员会、薪酬委员会、提名委员会和治理委员会。

第七章

统一期望：合作伙伴与家族企业员工

所有家族企业，除了规模太小的，都要依赖非家族成员的员工和合作伙伴来管理和开展业务。这些外部人士所起到的作用不该被低估。例如，抛开为企业提供专业服务不谈，长期顾问和高层员工还可以是家族成员的中间人。而供应商、分销商等合作伙伴，对企业的成功同样至关重要。

在工作场景中，到处都有让不同群体之间产生摩擦的可能，甚至会导致有价值的员工或合作伙伴终止与企业的关系。与其他所有权形式的企业相比，家族企业有着截然不同的限制、挑战和工作方式，如果各方对合作方式抱有错误的期望，摩擦很容易加剧。家族与企业交织在一起，使得很多人都不太了解甚至低估其复杂程度。家族面临的由软性问题、硬性问题或者商业问题引发的冲突，必须在家族内部解决，但这些冲突有可能会渗入企业的治理和日常管理、运营。因此，与家族企业合作更容易产生误解，甚至对家族之外的人来说也是如此。

在与一些采用"所有者即管理者"模式的家族的合作中，我们观察到家族成员、企业员工与合作伙伴的期望往往不匹配。例如，潜在员工可能以为由家族管理的家族企业会像跨国公司一样运作，而他们在发现有关企业战略或资本分配的关键决定竟然是由家族领导者拍板时，会感到非常失望。企业的合作伙伴可能以为和职业经理人谈好了，这笔交易就板上钉钉了，但最终却发现实际上发号施令的是组织架构中级别较低的家族成员。我们经常发现不同群体对很多方面的期望不匹配，例如人才、透明度、决策、企业与个人的限制和机会，以及家族和企业背景。

这些错位的期望可能会导致动荡和不理想的结果，比如员工流失率高、合作关系恶化。鉴于外部合作伙伴可以随时终止与家族企业的关系，所以它们也不太可能会造成与家族内部争斗一样的破坏性冲突。然而，为了使家族企业顺利运转，家族应该为自己与员工以及合作伙伴的关系设置合理且现实的预期，以根除潜在的摩擦。同样，非家族成员也应该在与家族企业合作时，了解到可能出现的机会和限制，正确权衡两者之间的关系。

有时候，误解导致家族企业与员工或合作伙伴关系紧张，甚至让后者终止与企业的合作关系，这是由什么造成的？在本章，我们将从多个角度探讨期望，并希望能够帮助各方更好地理解自己与其他参与者的关系。

- **家族角度**：家族会为非家族成员的员工提供怎样的员工价值主张？家族的宏伟计划与其吸引、留住人才的期望是否相匹配？家族如何与非家族成员的员工以及合作伙伴互动？

- 员工角度：非家族成员的员工要怎样理解在家族企业中工作遇到的限制与机遇，包括企业内部和个人的限制与机遇？他们该如何与其他非家族成员的员工共事？
- 合作伙伴与投资者角度：外部合作伙伴在与家族企业合作时，应该对家族和企业决策者抱有怎样的期望？企业的哪些方面值得重点关注？

家族与非家族成员的员工的关系

家族与非家族成员的员工的关系为企业的组织动态奠定了基础。从家族雇用的人员类型到为促进团结协作而设立的激励机制，再到家族抱负的呈现情况，家族一早就在为冲突或和平打下基础。要防范并化解家族与非家族成员的员工的冲突，家族主要需要关注的点是什么？

灵生水泥公司是水泥行业的领头羊，郁夫凭借公司的地位吸引了全国最优秀的人才。针对土木工程和化学工程专业的毕业生，以及希望推动建筑行业拓宽边界的顶级材料科学家，公司提供了优质的就业机会，这在行业里是数一数二的。只是过去十年间，顶尖的毕业生都跑去能够迅速晋升、有噱头又华丽的初创公司敲代码。

郁夫忙着管理多家公司，因此忽略了引进年轻的顶尖人才这一件事。现在灵生水泥公司的员工在这家公司的平均工龄已经超过15年。郁夫要如何应对不断变化的形势，同时给灵生水泥公司的人才库换血呢？

从家族的角度来看，我们要关注家族企业的人才问题，以及家族应该向非家族成员的员工在多大程度上保持透明。在人才方面，我们会探讨家族企业提供的员工价值主张、忠诚的老员工与刚入职的专业人才之间的关系，以及留住顶尖人才的困难。在透明度方面，我们将研究家族应该向非家族成员的员工明确的两个关键领域：家族成员所扮演的角色，以及家族的未来计划和优先事项。

人才需求

人才驱动结果，在任何企业里都是这样。企业是成长、创新，还是停滞不前、失去意义，不只取决于家族。家族选择雇用谁、如何对待领导和员工，关乎企业的底线，也关系到员工之间，以及员工与家族之间能否和谐共事。

员工价值主张

和其他企业一样，家族企业必须密切关注其为非家族成员的员工提供的价值主张。员工价值主张是一家企业向心仪的人才推销自己的手段，也是保持自身吸引力的方式。员工价值主张的元素包括与企业、工作、人员、机遇、奖励和企业文化相关的信息。

家族企业的员工价值主张和非家族企业的员工价值主张差异明显，主要是因为除了专业团队遇到的挫折和问题，家族企业内部还会出现只在家族中才会出现的类似问题。基于情感的软性问题和关于所有权的硬性问题影响着"所有者即管理者"类的家族企业的日常活动,还可能会渗入"积极投资者"模式下的家族企业。潜在的雇员(尤其是高级人才)会先对企业和家族进行全面的调查。他们会要求员工价值主张和与家族合作的压力相匹配。

你的企业为员工提供了怎样的员工价值主张?换句话说,你如何营销自家的企业,以让企业保持吸引力?对于不同层级的人才(比如高级领导职位与入门级业务分析员),你的家族企业所提供的价值主张有何不同?这样的价值主张是否合乎行业标准?

为了回答其中一些问题,请回想一下在第二章中你对公司进行的诊断性研究。你们公司的基础是什么?公司是资本密集型、分销密集型、技能密集型公司,还是技术密集型公司?比如,如果是资本密集型公司,公司人才配比是否合理,还是说你在找技术型或技能型人才?如果是多代同堂的家族,家族企业扎根于一个成熟的行业,同时由家族成员领导,这样的企业期望从硅谷吸引人才回国,那就是误判,结果只能是白费力气。你所寻求的人才的技能水平和类型必须与你的企业能提供的价值相匹配。你的企业提供的员工价值主张是否足够吸引并留住企业所需的员工呢?

根据家族企业的运营模式和家族对未来的期望,你的企业的员工价值主张是否合适?如果家族在寻求专业化管理,并希望从"所有者即管理者"模式过渡到"积极投资者"模式,那么你的企业提供的员工价值主张是否能让企业未来的职业 CEO 觉得有吸引力?如果你的家族企业是"所有者即管理者"模式的话,那么你要找杰出人才，就要考虑他们的职业目标会不会妨碍到家族管理者。

你千万不要误以为员工价值主张就是额外给些报酬。顶尖的人才会寻求成长机会、有上升空间的职业发展道路、领导他人的机会、获得业界认可的机会，以及符合他们的风险偏好和学习习惯的企业文化。顶尖的人才还会希望管理他们的人是他们认可的，并且能够挑战他们的思维方式。假如你的家族计划让某位下一代成员接管公司，那么雇用一个希望几年后会被提拔为CEO的专业人士就不是太明智的选择。如果家族下一代成员对进驻公司不感兴趣，而你又计划让家族过渡到"积极投资者"模式，并找专业的人来管理公司，那么你就必须向未来的非家族成员的管理者阐明这些计划。

无论你要招募的是什么人才，家族企业都必须创造出能让潜在员工以最佳方式进行选择的机会，并将这一消息传达到位。例如，如果"最优"人才在你的家族企业里不开心并选择离开（比如因为缺乏上升空间，或者其职务与家族成员重叠），那么雇用"最优"人才就没有商业意义。如果关于家族的新闻报道有负面内容，那么为了吸引人才，家族企业可能要付出更大的代价。家族叙事必须是可信的，这样才能产出更有吸引力的员工价值主张。

忠诚的老员工与刚入职的专业人才

家族企业的人才库有一个特点，就是它可以大致分为两组：忠诚的老员工与刚入职的专业人才。忠诚的老员工已经在家族企业里工作多年，值得信赖，与家族成员有着深厚的关系，知道家族的秘密，并且能够大致推断出家族的行动和需求。而刚入职的专业人才则能为家族企业带来不同的经验、知识和工作方式。这两个群体缺一不可，但他们的作用明显不同。家族有责任为这两个群体划定清晰的职权界限，以确保他们的工作相辅相成。

根据我们的观察，责任分工清晰、明确可以让家族企业的员工之间建立起卓有成效的工作关系。工作关系越好，企业运作就越顺利，也越能减少争吵带来的内耗。

每种人才的经验不同，最适合做的事情也不同。例如，与我们合作的一家企业会安排忠诚的老员工负责对接政府监管部门和收取未付款项等工作，而这些工作往往需要员工与企业有着密切的联系，并且对家族企业的历史有深刻的了解。忠诚的老员工往往深受家族背景及其生态系统的影响，从而更适合使用间接的方式来智取。经济学家约翰·凯（John Kay）称之为"迂回才是王道"。[1] 相比之下，刚入职的专业人才则会专注于战略、创新、营销和人力资源。

另一项挑战是，如何保证让以上两类非家族成员的员工和谐共事。忠诚的老员工已经在家族企业里工作多年，对家族十分了解，所以地位稳固。刚入职的人才，尤其是那些掌握着最新技能、手持国际资格认证的人才，则会威胁到忠诚的老员工的权力和工作岗位。如果他们自以为是、趾高气扬，忠诚的老员工很可能会出手扼杀他们的努力，不让他们参与关键对话，或是阻止他们与家族决策者接触。

要想通过人才提高企业竞争力，需要这两个群体通力合作。

你要怎样让刚入职的人才融入现有的人才体系？如何让忠诚的老员工带领新人取得成功（比如将培养新人纳入他们的关键业绩指标）？如果双方个性不和，强行融合似乎不太可能，那么家族可以怎样调整企业结构，以在鼓励变革的同时尽可能地降低对守旧派的威胁？你或许可以为新人成立一个独立的企业，在他们自己发展一段时间后，再将其纳入母公司。这个替代方案或许值得考虑。

留住顶尖人才

家族需要创造一个环境，让刚入职的专业人才一经雇用，就可以充分发挥他们的聪明才智和经验。这需要企业兑现承诺的员工价值主张，特别是在文化和机会方面。例如，你如果以一个虚心学习、愿意接受新观点和挑战的态度对待他们，就更有可能留住创新型人才。与之相反，你如果只希望他们对你言听计从，就不太可能会留住他们。同样，如果家族企业的环境可以让员工有一种"主人翁精神"，觉得公司的成功和自己息息相关，那么留住顶尖的人才的概率更大。有的家族企业甚至会在员工价值主张中加入员工持股这一条。

你们家族的领导者是如何对待顶尖的人才提出的建议的？他们是否总会绕过非家族成员领导者，在没有咨询过负责相关业务的专业人士的情况下做出商业决策？如果颇有业绩的专业人士认为自己的经验对家族来说微不足道，那么冲突或人员流失（即大批专业人士迅速离开公司）在所难免。

如果非家族成员的员工的绩效评估标准模糊不清，也可能会引起摩擦。企业要用哪些客观指标来评价外部人员的成绩？针对专业人士，企业里有哪些反馈机制？如果家族在这些问题上做不到公开透明，那么内心的不安和不信任可能会促使人才另谋高就。

最后，我们经常看到有的家族忽视了留住人才所需的结构和程序，这可能会使企业遭受重创。你的家族企业是否有结构化的方式为下一代人才提供反馈和发展的机会？企业内部是否有明确的职业发展路径？家族企业的顶尖人才是否感觉自己和公司或整个家族企业的目标有关联？要想留住顶尖的人才，需要积极的管理。

透明度

在防范与非家族成员的员工和合作伙伴发生冲突方面，家族成员要重点关注的第二个问题就是透明度。任何具有决策权的角色都会很容易忘记，并非所有人都具有同等的知情权。如果家族没有事先知会公司里的非家族成员的高管和合作伙伴，就直接做出了影响实际业务的决定，那么很可能导致误解、不信任，甚至让他们萌生离开企业的想法。同样，如果家族成员渴望领导企业，但企业却对此避而不谈，就会给非家族成员的员工带来不切实际的期望，最终反伤企业。

明确角色

家族成员在企业中扮演的角色如何与外部人才扮演的角色相辅相成？例如，公司的 CEO 是不是徒有虚名，而真正的决策权实际上攥在某位家族成员的手中？如果你是这个 CEO，本以为自己对企业经营的某个方面有最终决定权，但实际上却没有，那么你会有何感受？或者，如果你是企业外的一位商业伙伴，明明之前已经和公司 CEO 达成协议了，可协议却突然被一位家族成员否决，那么你又会有何感想？当角色职权与决策者的权力重叠，非家族成员的员工很可能会遭遇滑铁卢。划定清晰的职权范围可以很好地避免家族成员与职业经理人之间产生误会和冲突。

你不妨思考一下，家族成员都喜欢做什么？他们有哪些技能（回顾第二章）？经过一番自我探究和反思之后，与我们合作的一位家族企业董事长意识到，自己更喜欢指导设计和技术方面的工作，而不是参与企业的日常监督。[2] 实际上，也正是他在这些方面做出的贡献，才让企业变得与众不同。现在，明确了自己所期望的角色，这位董事长更清楚要把哪些工作交给非家族成员的员工去做。

除了公开透明地表明谁拥有决策权，家族还必须确定好自己希望掌管企业的哪些业务，而哪些业务则交由职业经理人打理。各个家族的偏好略有不同。我们看到很多家族都保留了一定的控制权，这涉及资本和财务（比如筹集资金）、高管招聘、品牌推广、公司战略、组织文化和研发等。非家族成员的员工在执行自己设定的议程上有多大的自由度？在哪些问题上他们必须咨询家族成员？

如果家族成员意见不一，非家族成员的员工应该听谁的？家族成员必须谨记，某家公司里的家族权力架构和集团、联合体中的权力架构可能有所不同。专业人士和合作伙伴是否要听从自己所在公司以外的人的指示？

未来计划与重心

你们家族对未来的领导层的规划是否透明？高层专业人士是否清楚公司里的最高职位能不能对自己开放？如果家族中的权力过渡迫在眉睫，员工对这种过渡和自己能不能保住饭碗了解多少？

家族成员要进行明晰的沟通，才能创造透明的工作环境。与我们合作的某个家族企业的职业经理人解释道："（家族企业的）职业经理人总是要猜测并抢先一步知道家族成员的想法是什么。这深刻地影响了我们决策的方式。如果家族有明确的参与模式，并且各位成员意见统一，那就不是什么问题。然而，如果情况并非如此，那么作为非家族成员的职业经理人可能会觉得非常难办，倍感挫折。"明晰的沟通是指，与非家族成员的员工和合作伙伴开诚布公的探讨会影响关于家族愿景和优先事项的商业决策，特别是家族的愿景在外部观察者看来可能商业意义有限的时候。

思考题：家族成员与非家族成员的员工的关系

当你和其他家族成员思考要如何与非家族成员的高层员工以及外部合作伙伴建立关系时，请回答下列问题：

- 我们提供给员工，尤其是顶尖人才的员工价值主张是什么？它合乎行业标准吗？它足够吸引和留住我们需

> 要的人才吗？
> - 我们雇用非家族成员来担任领导符合家族的运营模式和未来的领导层规划吗？
> - 我们在企业里是如何管理、整合不同的人才储备的（比如忠诚的老员工和刚入职的专业人才）？
> - 我们是否有清晰的职业发展途径、公司架构和程序，鼓励员工职业成长？
> - 我们企业的非家族成员的员工是否了解家族内部的指挥系统和真正的决策者？如果家族内部无法达成一致意见的话，我们有没有规定谁最终拍板？
> - 我们对非家族成员的员工是否设定了现实的期望，并让他们知道公司里家族希望有的领域由自己控制（或至少在决策前先征求家族的意见）？
> - 我们有没有清楚地传达家族的愿景，尤其是在有些家族外的人不太能够理解的议题上？

在家族企业里工作，非家族成员的员工应该了解的事情

如果你是在家族企业里工作的非家族成员的员工，那么这一部分就是为你准备的。在进入家族企业工作之前，你应该知道些

什么？进入家族企业后，你要如何取得成功？

维克拉姆是斯里瓦斯塔瓦家族为建力公司聘请的职业 CEO，这三年来他一直在挣扎。他在美国学习过，又在中国从事了十多年的建筑行业，虽然有着丰富的管理建筑公司的经验，并在一众竞争者中脱颖而出，但维克拉姆从来没在家族企业里工作过。家族的老客户不会来找他商讨决定，而是会去找职级比他低的卡尔蒂克，这削弱了他的影响力。卡尔蒂克说什么就是什么。维克拉姆根据自己的专业经验提出的建议并不重要，重要的是卡尔蒂克心血来潮想做什么。

还有更令维克拉姆感到沮丧的事，那就是该家族还禁止他做出重要的战略决策。有许多"正常"的职业 CEO 该承担的职责，对他来说却是禁区，比如筹集资金和关键岗位的招聘。虽然他的工资略高于市场价，而且公司看起来还不错，但维克拉姆已经做好了辞职的准备。他想要去一个尊重他的地方，让他有足够的自由做好自己的工作，而不是被自以为是的家族成员处处阻挠。

在这一部分，我们将重点讨论如何管理非家族成员的员工的期望。我们会从商业角度和个人角度出发，讨论在家族企业里工作的机会和限制。这些机会和限制会反映在公司的员工价值主张中，这涉及公司（及其与家族企业的关系）、工作本身、组织文化、参与人员（包括家族成员、家族密友和其他高层领导者）、岗位带来的回报，以及你可以期待的机会。家族企业为你提供的员工价值主张是什么？这些权衡对你来说值得吗？

你的同事也是员工价值主张的一个核心部分。我们将深入探讨如何与"其他"类型的人才相处。无论你是备受信赖的老员工，还是刚加入的职业经理人，这个话题都和你息息相关。为家族企业工作，你要从一开始就接受你无力改变的事情，这会让你与家族和其他非家族成员的员工和平共处。

员工价值主张：家族企业的限制和机会

无论你在其他类型的公司工作时积累了什么经验，你都必须认识到，家族企业和其他公司是不一样的。在为家族企业工作之前，你必须熟悉其员工价值主张的全部内容，这一点非常重要。在家族企业里工作的自由和限制，和其他类型的企业完全不同。

如果你能和家族领导者建立充分的信任关系，那么家族企业的环境就可以为你提供无与伦比的机会。你可以从中长期的视角看问题，而不用过分看重季度表现。用一位我们帮助过的职业经理人的话说："我有很高的灵活性，可以按照我认为合适的方式来做事。谈话的内容总是围绕着开展新业务、提供长期价值以及如何实现长期成功展开。从来没有人和我说过我们要在这个季度或者下个季度做出什么成果这样的话。"

另一个家族企业中特有的机会是，家族企业愿意为了长期回报承担风险。我们从不少职业经理人那里听说，家族企业的这种意愿往往比跨国企业还强烈。另一位职业经理人向我们解释道："你如果在家族企业里获得了创始人的信任，就很少有什么事是你不能做的。只要你赢得信任并行事可靠，你就会有极大的自由，这远超跨国企业能给你的自由。"

当然，领导岗位的这些机会往往也伴随着具体的限制。家族企业的领导者通常会把企业的财务当作自己的个人财务，这限制了职业经理人的职权。他们不愿意下放控制资本分配的权力（比如不愿意为项目投入资金），并且对资本稀释高度敏感。在家族企业中积极举债非常不现实。像这样对资本的限制，很可能会抑制家族企业的增长速度，并且会阻碍你按自己的愿望引导企业发展。

涉及某些领域，家族往往更愿意将其掌握在自己手里或者特别厌恶风险，因此在这些领域你的工作也可能会受到限制。品牌推广就是这样一个领域，因为在这里经常会提到家族的姓氏。家族领导者也希望对另外一些领域保持关注，比如高层的聘任和公司战略。与我们合作的一位职业经理人说："职业经理人有可能会在公司运营方面得到他们想要的自主权，但即便如此，家族成员还是可能会侵蚀他们的自主权，越俎代庖。这对于一个雄心勃勃的职业经理人来说非常懊恼，因为这会让他总是疲于奔命，并缺乏思考。"

你如果正在考虑要不要加入一个家族企业，那么可以先从几个方面调查一下该企业，以确定它到底合不合适，或是工作中会充满冲突。家族在企业中的参与方式是否正规化或结构化？家族对其价值观的坚持程度如何？你未来的同事是一流的人才，还是被家族领导者牵制或猜忌？

员工价值主张：个人的限制和机会

在你在职的时候，家族企业提供的员工价值主张会直接影响你的个人职业发展和生活体验。对于个人而言，家族为你提供了什么？

在与众多职业经理人的合作中，我们了解到家族企业可以为个人的成长和学习提供大量机会。家族领导者往往身兼数职，参与企业的方方面面。他们希望领导团队中的专业人士也能有类似的适应能力。一位职业经理人告诉我们："这对高层员工来说是一段非常有益的经历。一旦获得了信任，人们在看到机会时，就有可能从一个职能部门转岗到另一个职能部门。"

在家族企业里，专业人员与家族成员之间的纽带也可以让其获得大量个人机会。随着时间的推移，我们观察到，这些纽带超越了一般的雇主—雇员关系。你和家族之间可能会产生一种非正式的"社会契约"，其中包括报销医疗费用、房贷或孩子的学费。[3] 此外，忠于家族还可以让你的工作有保障，不至于失业。

同样，在家族企业中，你还会经历在其他类型的公司里体会不到的个人限制。家族成员可能会把一些看起来微不足道，甚至有点侮辱性的任务分配给你，仅仅是因为他们相信你可以把事情做好。例如，我们认识的一位顶尖的专业人士，虽然他在企业里地位很高，但公司创始人的父母还是要他为宗教节日采购礼物。而这时，坚持不懈地为家族奉献也是极为重要的。

在家族企业里，信任和忠诚很可能比只产出业绩更有价值。考虑到你在家族中的弱势地位，就可以理解这一点。商业型家族看起来很富有，但这些财富都是不流动的，因为它们都套在企业里。家族的历史与身份也和企业深深地交织在一起。

家族成员要将他们的财富和未来遗产交到你的手中,因此必须相信你会负责任地处理他们最大的资产。一位与我们合作的职业经理人说:"家族会反复观察,看你是否值得信任。他们可能会尝试测试你的忠诚度和保护机密信息的能力。请务必通过测试。"你是会审慎地选择哪些有关企业和家族的信息进行透露,还是会直接咨询家族成员或老员工?在家族成员个人或企业遭遇困境的时候,你是否会陪他们渡过难关?

你也应该意识到家族企业对你的职业道路的限制。家族是不是要把下一代培养成高管?如果是的话,那你就应该放弃把进入最高管理层当作职业目标。你面临的评估标准可能会比在跨国公司中的要模糊得多。正如一位职业经理人向我们解释的那样:"非家族成员的高管可能根本不清楚考核自己的客观评估标准是什么。他们要担心的只有那几位公司创始人,即权力中心。"如果你的业绩评估标准非常模糊,你能接受吗?

在家族企业中,你肯定不如家族成员重要,抛头露面的机会也比他们少,这跟在其他所有权形式的企业里可不一样。在工作上,这意味着你要注意保证自己的形象不会让家族领导者感到相形见绌。你要接受自己的工作只会在幕后得到认可,绝不会登上当地的报纸或杂志。在家族企业里工作,外部的认可度相对较低。

最后,请不要抱有幻想,为家族企业工作不会让你暴富。根据我们的观察,在较低级别的岗位上,家族企业的薪酬往往低于市场水平,但在较高级别的岗位上却要高于市场水平。一位职业经理人向我们解释道:"外籍人士和在国外工作多年的人不能想着马上赚到钱（比如 3~4 年内），而是要清楚，从长远来看他们可以晋升到高层。家族企业看中的是他们的想法和创造力，不是让他们来跟着公司创始人鹦鹉学舌。"

人才

在家族企业内部，学会与其他类型的人才共事，对你的短期和长期的成功都是至关重要的。如果你已经为该家族企业工作了几十年，你和新来的职业高管和经理人相处得好吗？你觉得他们对你构成了威胁吗？你愿不愿意把他们纳入麾下？如果你是该家族企业里的新人，你觉得家族的亲信们愿意倾听和接纳你吗？不管你属于哪一个非家族成员的阵营，想要防止企业内部的冲突，就有必要认识到自己对家族的价值，并学会与其他阵营合作。

你给家族企业带来了什么？如果你与该家族已经共事多年，那么你把握家族动态关系的能力和与家族合作的能力，在人才市场上是千金难买的。家族成员信任你能够在大起大落中与他们共进退。他们非常在意你对家族隐私的注重和行事的谨慎，以及你与企业荣辱与共的集体记忆。

也许你是家族企业里的新人。家族领导者找你来提供全新的视野，以提高企业在日新月异的世界中的竞争实力。你带来的新点子、技能和说服家族成员朝前看的能力都是很重要的元素。在调整与该家族共事的节奏的同时，你应该认清忠诚的老员工的地位并表现出相应的尊重。

家族企业的各类人才都是不可或缺的。在和其他类型人才融洽共事的过程中,所有非家族成员的员工都扮演着重要的角色。当两种人才缺一不可的时候,争权夺利是徒劳的。如果你是新来的专业人士,你是否有耐心培训老员工学习新的专业知识(比如数字化转型)?在迎接既有挑战的时候,怎样让家族内的老员工不感觉受到威胁?如果你已经为该家族鞍前马后很多年了,你如何帮助新人尽快融入企业环境?你是认真对待他们的建议和考虑,还是不让他们接触家族领导者?在让两种人才和谐相处方面,你扮演什么样的角色?

思考题:非家族成员的员工

不管你是在家族企业里工作数十年的老员工,还是正在考虑是否要加入该企业当职业经理人,你都可以尝试回答以下几个问题:

- 就商业环境、个人成长和职业发展路径来说,该家族企业内部最大的束缚因素是什么?你如何减少让你束手束脚的因素?
- 你在该家族企业工作中获得的机会能否抵消这些束缚因素?
- 你准备如何跟家族企业的其他类型的人才和谐相处?你会如何另辟蹊径,改善和其他非家族成员的领导者的关系?

外部合作伙伴和投资者注意事项

对于不熟悉情况的外人来说，家族企业看起来可能和其他企业没什么两样，但是潜在的商业伙伴和投资者应该认识到家族企业的不同及其带来的挑战。如果你是家族企业的（现有的或者潜在的）合作伙伴，那么仅仅从利润、增长和股东回报这些典型的数据指标了解该企业是远远不够的。外部商业伙伴必须了解与家族企业合作的细微差别：在家族企业内对信任、公平和被珍视的看法会和其他想法一起影响各种决策——所有权、管理和运营。

非银行地产金融公司里本金融公司隶属于斯里瓦斯塔瓦家族，该公司的几个潜在商业伙伴对一个家族生意项目的投资有所疑虑。一家泰国银行看中了里本金融公司的业绩及其与诸多大型住宅房地产开发商交易的贷款记录，有意与之成立合资企业，将里本金融公司的业务范围延伸至曼谷的房贷业务。在纸面材料上，里本金融公司每一项都符合条件——营收、增长和行业老大的地位。但是，这家泰国银行的一位初级分析师在做调查的时候，在搜索斯里瓦斯塔瓦家族照片的过程中，听说了里本金融公司的CEO赛的一些令人不安的小道消息。银行是否要担心赛酗酒和私生活不检点的恶习呢？银行和里本金融公司的合作伙伴关系会不会因为对方公司负责人是个酒鬼而出问题？董事会里有没有其他家族成员能够帮助赛收敛他的行为？

你应该了解家族的哪些信息？关于企业本身的信息呢？对这两方面更深层次的理解，会如何影响你工作的重点、方式和期待？我们简要讨论了合作伙伴和投资者应该了解的信息：家族和人才、透明度以及你对企业经营方式的期待。

家族背景

外部合作伙伴和投资者首先要准确地了解对方企业的情况，而且要明白往往很难获得家族企业的准确图像。该家族企业有什么故事？家族有哪些成员？在生意伙伴和当地媒体看来，其口碑如何？该家族企业未来的领导层是怎样的？

家族背景和组成

家族企业的合作伙伴知晓该企业的源起有助于更好地理解家族企业现在的情况。该家族企业是怎样发展起来的？有多长的历史？创始公司和涉及的产业是哪些？在该企业创立之时，创始人的愿景是什么？

了解该家族企业的发展历史，会让你更加理解企业克服的困难和试图保持的传统。该企业在发展历程中，有没有参与国家建设或者获得其他赞誉？创始人和位高权重的政治领导人联系紧密吗？在商业决策过程中，企业领导者是否因为遵从政治倡议或者社会呼吁而闻名（比如支持员工的公平补偿、推动性别多样性）？

了解家族当下具体情况也很重要。该企业领导层是家族第几代？目前来看，家族企业的目标是什么？家族成员倾向于"以企业为先""以家族为先"，还是"以财富为先"（参见第二章关于目标的讨论）？

你要思考一下该家族是如何适应世界的变化的。你希望共事的家族的内部准则是否与社会规范共同进步，比如允许女性持股或者担任领导职务，抑或是老一辈人极度反对的传统更迭？即将接班的家族成员有没有经历过家族以外的各种思想洗礼，例如拥有海外留学经历或者多样化的职业经历？

继承者动态

在你推进和家族企业的合作伙伴关系的过程中，至关重要的是要了解该家族企业未来领导层的情况。你知不知道该家族企业何时以及如何计划展开领导层变动吗？下一代家族成员是否对经营企业感兴趣，是否活跃，抑或是他们更愿意另谋高就？

家族企业的继承是复杂的。如果继承人人选很明确，只有一个毫无争议的继承人，而且继承人和父辈关系和谐，那么交接过程对你和该家族企业的合作影响不大；如果情况恰恰相反，那么了解传位计划和该家族企业的交接时间安排就很关键，特别是在现有领导层临近退休的情况下。

如果前景不明，作为投资者或者合作伙伴，你应该保持关注。家族企业可能在继承者之间拆分，或者陷入继承者大战。情绪演变至激烈之时，继承者大战可能成为闹得企业鸡飞狗跳的公共事务，最终只会导致商业价值的大幅受损。

声誉

最后，对于潜在的合作伙伴，了解家族的名声也很重要。和其他的公众人物一样，经营企业的家族会悉心维护家族的声誉。名声受损可能会对企业造成实实在在的损失。

该家族的名声如何？他们是爱好和平、合群、对外界漠不关心，还是喜欢争吵？你在当地报纸看到该家族的报道一般都关于什么？是慈善捐赠，还是家族丑闻？该家族和特定政治党派关系有多密切？

知晓家族企业的商业往来也可以增加对其声誉的了解。该家族企业经营的各项业务进展顺利吗？家族企业下的公司有没有拖欠贷款？它如何运用司法程序来解决争端？有些问题的答案可能需要二次研究和获取公开信息才能得到，但是与该企业以前的合作伙伴对话，有助于更加细致入微地了解该家族和企业。

决策者和家族企业内部的影响力

我们发现，家族经营的各大公司的正式结构很少能反映出潜在的权力动态关系。授予家族成员或者职业人士的CEO或主席的头衔，可能掩盖了家族内隐藏的权力关系或者非家族成员的员工的影响力。与我们合作过的一位身居高位的职业人士说："权力不一定能在头衔上体现出来。CEO可能就是挂名而已，实际的决策权另属他人。"在与家族企业负责人的交往中，我们发现，公司内部管理层级不高的家族成员可能比职业高管的影响力更大。没有头衔的家族大家长或者一群元老可能对公司内部的决策有巨大的影响力。

你是否了解和你共事的高管的影响力？谁是真正的决策人？谁又是他们的亲信？在公司内部，那个一呼百应的人的动力和愿景是什么？对于公司发展方向和其他重要决定，负责管理和运营的家族成员或者职业人士观点一致吗？

有时候，你会发现家族领导成员意见不合。这是一个危险的信号。当前家族领导者所做的决策可能会被拖延执行或者后来被完全推翻。作为潜在的合作伙伴，你和家族领导者目标不一致，在未来的合作关系中就会产生问题。忽视暗流涌动的家族动态关系可能使潜在的合作伙伴犯下吃力不讨好的错误。

与此同时，你也应该关注非家族成员的领袖及其在家族领导层的影响力。对非家族成员的员工来说，决策力通常是和工作年限以及对家族的忠诚挂钩的，而不仅仅是基于他们的头衔或者专业知识。头衔可能具有欺骗性。刚被任用的 CEO 或者高管想要赢得家族的青睐，会有诸多挑战，而且影响力也没有头衔听起来那么大。但是，表面上看不那么重要的角色，比如家族顾问或者总顾问，却能让主要家族成员认真对待。在你考虑与某家族企业合作时，你可能需要多打听未来与你经常互动的、非家族成员的高管的背景。

商业背景

当思索与某个家族企业合作的时候，有一点很重要：在当下的商业生态中，你对合作关系和家族企业的运营方式要有合理的期待。当地资本市场中的制约因素有哪些？该家族在地方和国家法规要求和政治环境里，表现如何？

资本市场

潜在的合作伙伴应该清楚与之合作的家族企业所在的资本市场的制约因素和机会。家族是否能轻松地获取贷款或者进行股权融资？在一些新兴市场，债务工具数量有限。财富在企业里的家族，可能不愿意通过追加发行股票而稀释了股票的价值。家族可能也不愿意背上巨额债务。

对潜在的合作伙伴来说，地方市场的复杂性会影响家族企业股票售卖的难度。合作伙伴退出容易吗？地方金融市场还有哪些制约因素绑住了它们的手脚？各国资本市场情况不一，是否具备退出合作关系或者投资家族企业的能力与投资安全息息相关。

法规要求和政治环境

在印度"许可证为王"的时代，如果能够通过关系取得制造许可证来赚取利润，就是重要的竞争优势。而如今，尤其是在政府机制不太严格的市场，做生意的要义在于维护家族和主要官员以及监管者的关系。例如，很多亚洲家族企业集团涉足房地产，而想要在这个行业发展，需要通过政府官员或政客获得分区规划权和许可证。

在当地的政治和法规环境中，该家族的发展方向准确吗？哪些外部关系对于该企业在行业内取得成功是必需的？与你合作的家族有这些关系吗？家族维护与政客、政府官员或者其他企业的关系，会不会让有其他文化背景的合作伙伴感到不舒服？该家族有没有获得行业成功的重要影响力？最后，一旦你和该家族的关系恶化，有哪些外部关系对你来说就成了水中月、镜中花？

> **思考题：外部合作伙伴**
>
> 如果你在考虑是否和某个家族企业合作，或者与该家族企业未来关系的走向如何，你可以尝试回答以下几个问题：
>
> - 在继承者安排和家族企业的目标方面，该家族的前景如何？

- 该家族在声誉、职业道德和践行价值观方面,有没有让人担心的地方?
- 对于家族成员和职业高管在决策力和影响力方面的角力,你了解多少?
- 在家族内部或者商业生态之中,有哪些可能影响你和该家族企业未来合作的障碍?

注释

1　Kay, John. "Obliquity: Why Our Goals Are Best Achieved Indirectly." First Edition. New York: Penguin Press, 2011.

2　See Bhalla, Vikram, and Christian Orglmeister. "A Founder's Guide to Professionalizing a Family Business." *BCG Publications*(blog), September 6, 2017. https://www.bcg.com/publications/2017/family-business-people-organization-founders-guide-professionalizing-family-business.

3　Egloff, Camille, and Vikram Bhalla. "Governance for Family Businesses: Sustaining the 'Magic' for Generations to Come." *BCG Publications*(blog), October 20, 2014. https://www.bcg.com/publications/2014/corporate-strategy-portfolio-management-leadership-talent-governance-family-business.

第八章
实践中避免和减少冲突

如果站在斯里瓦斯塔瓦家族的角度,你会从哪里着手解决问题?你怎样应对复杂的斗争,以逐一解决该家族面临的软性问题、硬性问题和商业问题?你会首先处理哪个问题?你需要提出怎样的讨论机制来解决冲突?你需要仰仗家族以外的哪些人的支持?

和斯里瓦斯塔瓦集团一样,你的家族企业可能面对的是一系列盘根错节的问题。你不可能有办法迅速或者简单地解开死结。鉴于此,我们有意地避免提供固定的步骤,推荐独立的行动计划或者提供家族企业必须采取的、有效的行动建议。每一个家族都应该因地制宜地解决或者缓解不同方面的冲突。

解开家族企业内部冲突的结,对实现家族企业和谐运营意义重大。如果你是家族成员,家族生意一帆风顺,并且你的父母、兄弟姐妹、孩子和表亲等人之间毫无龃龉,那毫无疑问会减轻很多压力。而这对于家族的名声和商业估价的重要性也是不言而喻的。家族冲突爆发并被公众知晓一般都会极大地降低家族的商业价值。

但是，在家族企业内部减少冲突的影响比家族凭借生意来获得舒适的生活和财富更加重要。家族生意的稳定及其提供的就业岗位、对经济活动和国家经济发展的贡献至关重要。对很多个人及其家族来说，解决家族企业的冲突有着积极的外部效应，特别是对与家族领导者亲密共事的非家族成员和家族生意的受益者来说。

经常有人宣称，对跨代的家族企业来说，将生意交给职业经理人打理是规避冲突的好办法，甚至是不二法门。然而，"职业化"并不是必由之路。这个问题并没有唯一的"正道"，即使是针对如何避免经常讨论的、和所有权有关的硬性问题或实质性问题方面的冲突，也没有所谓的"标准"建议。我们在讨论过程中，一直避免提供公式化的解决方案或者分步走的流程。解决方案应该量身定做，在不同文化和国家之间也有所差异。最终，家族扮演的角色必须和企业的使命相关联，同时受制于家族成员的能力和愿望。

选择积极参与家族企业的运营管理，需要坚持不懈地避免和减少家族内部及其与非家族成员的员工、企业合作伙伴之间的冲突。冲突的原因往往出乎意料。为了解决破坏性冲突，即使是在不需要的时候，家族也必须建立治理和冲突斡旋的讨论机制。远在冲突出现之前，营造开放、尊重、赔礼道歉的家族文化就可以使问题烟消云散，且不会对家族造成不可挽回的损失。针对股东的正式规则、雇佣关系和甄选领导层的指导方针，可以为个别特殊情况的处理提供明确的规范。家族企业还必须对非家族成员的员工持有合理的期待,但这要基于对企业的最新情况及其所处的环境的理解。

随着在日常体验中,对家族企业的冲突的来源有着越来越深刻的认识,我们想提醒你的是,我们探索冲突的领域包括造成冲突的问题,以及避免和减少冲突的途径。

家族和企业诊断以了解冲突

准确理解冲突背后的潜在原因,以阻止和减少家族企业内部的破坏,取决于在特定时间段对家族和企业的剖析。在逐渐化解特定的冲突之前,亟须建立关于家族和企业的可靠的数据基准线。该基准线不局限于描述其他家族成员或者企业状况的表象,而是提供家族企业的核心元素的详细快照。

获取快照需要时间、内省和探索家族企业未知的愿望。通过第二章的练习,我们指导家族成员系统性地探索了普遍存在的、被认为是理所当然的假设。个人能力和意愿、家族成员之间的动态关系与家族所推崇的价值观是怎样的?企业对于家族的使命是什么?家族和企业之间的互动又是怎样的?家族企业的主要特征、商业环境的制约如何?如果不从以上视角看待问题,家族势必会在采取行动时判断失误,出现偏差,难以全盘考虑环境的制约,进而导致冲突(或不和谐)。

理解、避免和减少家族企业中的冲突

家族企业中的争端往往是集结了情感、身份认同、物质担忧和对企业运营持不同观点的混合体。争端会破坏家族企业内部的和睦关系、扰乱家族生意和损伤价值,更损害家族关系。为了推动问题的解决,我们把冲突分为三类:软性问题、硬性问题和商业问题。每一种冲突的影响范围都不一样——家族内部、家族与企业交互时、家族企业内部,但是所有关于解决冲突的讨论都应该独立于上市公司的董事会。

家族企业冲突类型总结

	软性问题	硬性问题	商业问题
冲突关联	家族内部	家族与企业交互时(所有权问题)	家族企业内部
问题定义	对是否获得公正、公平的待遇和尊重的情感反应	企业所有权权利、利益和限制	企业战略和运营决策
避免和减少冲突	▪ 理解打破软性规则的动机 ▪ 明确软性规则 ▪ 营造开放和具有同理心的家族文化	▪ 明确所有权规则 ▪ 选择最适合家族企业使命的运营模式 ▪ 做出关于所有权结构的关键决定 ▪ 将家族宪章和家族行为准则中的规则正式化	▪ 在董事会讨论之前,家族成员关于商业战略决策而统一战线
治理机构	监察组织	▪ 家族委员会 ▪ 家族协会	企业治理论坛

软性问题

不管企业所有权情况如何，和普通家庭一样，家族内部一定会发生争执。家族成员会经受由其他人有意或者无意的行动而产生的情感创伤，特别是当他们认为这些行动影响了公正、公平和相互尊重的理念的时候。当家族成员打破家族行为规范或者传统的时候，不管这些规范或者传统是绝对的标准（比如尊重长辈）还是因人而异的结果（比如偏爱），都会导致软性问题。有时候有人会在无意间打破软性规则，比如某些家族成员因为其教育背景、文化和工作经历而与家族掌门人在行事作风上有差异。另外，如果有人认为某位家族成员的行为是不道德的，从而影响了彼此之间的信任或者尊重，规则也会被打破。最后，家族成员之间不可调和的性格和价值观矛盾可能也会引发软性问题。

避免和减少软性问题需要同理心。当家族成员受到伤害，但是没能够及时讨论相关问题时，积累的不满情绪可能会导致更激烈的纷争。化解隐忍造成的伤害关键在于积极打造家族文化，营造伤害最小化的环境。这需要培养相互尊重、积极倾听、开诚布公、构建心理安全感、心怀感恩和赔礼道歉的家族文化。陪伴家族成员，并维系生意以外的各种关系都是上述家族文化的基础。

另外一个化解情感冲突的解药是解释软性规则。家族要尽可能清楚地阐明关于公正、公平、平等和尊重的家族规则，以使家族对成员行为的期待有统一的基准线。在家族长辈对成员的不满意行为做出了相关决定或者采取管制措施的同时，再进行解释也是对标基准线的做法。对涉及个人自由的规则做进一步的解释，有助于减少成员无意间打破家族行为传统的做法。

应对和解决软性问题也需要同情心和中立的立场。家族监察员，比如某个德高望重的婶婶、族长夫人或者深受信任的外部顾问，可以不带偏见地倾听矛盾双方的观点，并就推动问题的解决提出审慎的建议。讨论过后，如果有人及时道歉，冲突就不会进一步升级。

硬性问题

在家族与企业互动时，家族中争斗的焦点是所有权的权利、利益和限制。所有权的这些要素应该如何分配？这些问题往往容易成为新闻话题，特别是在出现家族成员继承权和财富分配纠纷的时候。虽然很多源于情绪不满的软性问题会导致硬性问题，但家族企业拆分更多是源于硬性问题。

很多学者和业内人士就所有权和财富方面的冲突提供了建议。制定所有权规则是避免硬性问题的第一步。哪些家族成员有资格参与所有权、财富、商业利益分配和家族事务决策（比如加入家族协会）？与股权相关的规则和限制有哪些（比如与所有权继承和转让相关的规则）？制定清晰的所有权规则还包括企业任职标准细则（比如强制性要求、补偿），以及选定家族领导层的过程，以避免有人对个别成员资质质疑而造成冲突。

家族成员对于在企业内应该承担的职责期待不一致会催生冲突。为了避免造成破坏，家族成员必须就企业内的职责分配达成共识。他们是通过成为行政领导来扮演日常管理角色（"所有者即管理者"模式），还是选择把管理交给职业经理人去做，保留名义上理事会成员的身份（"积极投资者"模式）？这个选择应该与企业对家族的使命保持一致（比如，以企业为先、以家族为先还是以财富为先），也应该与几代家族成员的立场和企业未来展望保持一致。在极端情况下，家族可能选择完全退出企业治理，只把企业视作为家族提供安全保障的投资（"被动投资者"模式）。

家族也面临所有权结构方面的关键选择。对绵延几代的家族企业或者拥有几十家甚至几百家公司的商业帝国家族来说，这是尤为重要的选择。对拥有复杂股权结构的大型企业集团来说，厘清股权结构本身就是一件充满挑战的事情。现存股权结构的目的是什么？当下一代继承股权的时候，现有结构还适用吗？家族企业的所有权和管理岗位如何匹配？

家族有可能考虑采用其他的所有权结构：双重股权、拆分企业和上市。有一些家族通过双重股权的方式来拆分股票所有权和投票权。家族成员的愿望和家族关系的和谐程度，都会影响拆分家族企业是否具有必要性的考虑。企业是否部分上市的决定也有可能影响所有权结构和相关利益。

采用合适的治理结构以补充所有权规则，对家族成员解决伴随所有权的硬性问题至关重要。各大家族大都采取包括家族协会和家族委员会的模式。家族协会中的家族成员知晓关于所有权的相关决定，也负责挑选家族委员会成员。家族委员会决定股权协议的主要原则，挑选参与企业运作的家族成员，制定与家族成员准入、退出和薪水有关的规则，也可以参与企业战略决策，比如提出董事会的股利支付建议。一旦冲突出现，中立、独立的顾问扮演着化解冲突的重要角色。

在建立所有权规则、所有权结构和治理机构之后，很多家族选择将对成员的期待编撰成文。制定家族行为准则细化家族成员行为规范，包括其与媒体打交道的指导方针、家族姓氏的使用、社会关系或者宗教信仰的自由以及参政的限制。家族宪章强化所有权规则，包括股东协议、管理和任职规则、挑选家族企业负责人的规则等。家族成员有获取以上文件的自由，这对提升家族内的透明度和信任非常重要。

商业问题

家族成员在商业问题上的意见可能相左。任何企业都要面对各种问题：业务增长率、收购、企业风险、资本配置等。但是，企业的战略决策会直接影响家族成员借由所有权实现的财富积累，因此相关决策有可能造成较大的纷争。

另外，拥有上市公司的家族有责任公正地对待小股东。随着各国监管越来越严格，上市公司面临更多的限制。相关的规章条例通常会让所有的股东获益，但也要求家族成员承担更多遵纪守法的义务。家族成员在扩大的公司董事会内部，立场要保持一致。家族内部不一致，就有可能失去身为最大股东的影响力。

问题是家族要如何赶在与董事会开会之前，内部先达成一致意见？家族可以额外建立一个企业治理委员会，只吸纳家族成员，负责探讨战略性的商业决策。这个委员会既可以减少董事会内部的冲突，又能够巩固家族对企业的影响力。这种企业治理论坛对于多代同堂的大家族来说特别有用，有助于将企业的运营和管理问题与所有权问题划清界限。

合作伙伴和员工

最后，家族成员、非家族成员的员工和合作伙伴必须厘清对对方的期待。不现实的期待是发生摩擦的导火索。即使这样的摩擦不会导致像家族内部矛盾那样带来破坏性结果，家族成员和非家族成员的员工之间的冲突也可能引起人事变动，进而造成业务成本大幅上涨，乃至有价值的商业伙伴抽身离去。各方都必须对对方持有理性的期待。

从家族的角度来看，你需要仔细考察家族企业所处的行业、家族的愿望和员工价值主张的匹配度。从事类似传统钢铁制造产业的家族必须意识到，它不可能提出人工智能公司提出的员工价值主张，所以也不能期待吸引同类型的人才。对非家族成员的员工和合作伙伴，家族也必须认识到要保持透明度，并清楚描述家族成员在企业内扮演的角色、决策权和家族未来的计划以及发展重点。

如果我们从非家族成员的员工的角度来看潜在冲突，那么重点是要理解在企业和个人成长方面的制约和机会，这是家族企业提供的员工价值主张的一部分。举个例子，如果企业由家族成员掌舵，那么普通员工晋升为CEO的职业路径是不存在的。职业

CEO在资本配置、重要员工雇用等方面的决策都有可能受到限制。但是，家族企业要求专业人士更注重长期结果，所以实现短期效益的压力也相对较小。非家族成员的员工必须清楚如何与其他专业人士共事，将跟随家族多年的忠诚的老员工的优势（比如深度信任）和新加入的专业人士的活力整合起来。在加入家族企业之前就明白这些道理，有助于建立更加准确的期待，家族成员和非家族成员的员工的工作关系也会随之改变。

从家族企业的外部合作伙伴和投资者的立场来看，你首先一定要做尽职调查。合作伙伴应该了解家族的生态，包括家族声誉和继承安排。了解决策者是家族成员还是职业经理人，角色是否明晰，内部意见是否一致同样重要。头衔有时具有欺骗性，因此商业伙伴必须分辨出企业由谁做主，以及他是否赢得了家族企业中的其他重要成员的支持。最后，合作伙伴和投资者必须对家族企业经营的商业环境有充分的认识，特别是资本市场和监管环境的相关限制。比如，在新兴市场，想要结束一段不愉快的合作关系可能难上加难。

付诸实践

家族企业内的冲突很少非黑即白，不一定能分得清楚是软性问题、硬性问题，还是商业问题。更常见的情况是，这些冲突就像被缠成了一个毛线球，不同颜色的线全打了死结。你尝试扯出其中一条线，肯定会牵扯到其他的毛线。有时候好像找不到活结，于是从哪里下手也成为一件棘手的事情。

像其他家族企业领导者突然生病或者死亡一样，马亨德拉过世以后，过去很多隐而不发的矛盾集中爆发。例如，在斯里瓦斯塔瓦家族内部重新安排所有权结构，可能要涉及扎普电力公司的未来商业战略（清洁能源转型），以及家族是否会让破碎机公司投资更具有可持续发展能力的采矿作业，这些选择都有可能影响企业的股价和分红。

家族企业未来领导层的悬而未决也会使一系列软性和硬性问题浮出水面。现在我们简单回顾一下斯里瓦斯塔瓦家族的内部纷争。南迪尼对阿比吉特在采矿事务上不顾环保和道德的做法表示不信任，这导致马亨德拉的孩子们在决策上犹豫不决。决定谁来领导整个家族也可能燃起阿比吉特对郁夫的嫉妒之火，郁夫虽然是非血亲的家族成员，但负责管理和运营相当一部分的家族公司。瓦什纳维认为自己为家族贡献了神奇的水泥配方，但是从家族获得的补偿并不公平，她可能希望获得更多股权或者其他形式的补偿，尤其排斥她一直被挡在灵生水泥公司的管理层之外这件事。如果阿比吉特完全掌握斯里瓦斯塔瓦集团的控制权，那么他会不会因为对自己儿子卡尔蒂克的偏爱，而让其将建力公司的职业 CEO 维克拉姆取而代之呢？如果真是这样，市场对建力公司的未来会有何反应，对公司的股价会有信心吗？

冲突中剪不断、理还乱的关系会让人不知所措。也许你怀疑没法采取任何行动来解决家族企业内盘根错节的问题。冲突不可能通过单线解决，而应该是通过蜿蜒的迭代路径解决，即解决一组问题将有助于解决另一组看起来不相关的问题。

你如果正处在冲突的暴风眼中,那么该从哪里又如何开始解决问题呢?其实选择一个突破口,并采取较小且行之有效的步骤比选择从哪里着手更加重要。你可能需要回顾每一章中的"思考题"部分,寻找自己家族企业亟须解决的问题。需要注意的是,不要只关注看得见的问题,比如股权协议或者交接班,也要关注软性问题。根植在家族内部的情绪涌动导致的冲突,会引起其他领域冲突的叠加,这种催化力量很特殊。

你自己可以处理冲突的哪些方面,哪些需要其他家族成员的协助?虽然这个问题的答案取决于你在家族里的辈分和所扮演的角色,但作为个人,你对处理软性问题的影响力还是不应该被抹杀。营造你所期望的家族文化氛围有助于影响身边的人。你对他们表示尊重和感激吗?你有没有积极聆听他人,并且创造可以畅所欲言、不用担心被侮辱或者训斥的环境?如果冤枉了他人,你有没有马上道歉并做出弥补?将这些行为付诸实施就是化解软性问题的开始,也有助于着手解决硬性问题和商业问题。

你如果正深陷争端的泥沼,感觉一团乱麻,就可以借用来自谈判世界的经验[1]。你如何拉开自己和现有情况的差距?你能否尝试保持一点距离来审视冲突,"置身事外"[2]地想象一下其他人正在经历什么?当有人打破家族规范,并把你卷入冲突的时候,这项任务尤其困难。谁能够帮你看清大局呢?也许与多名家族成员有密切关系的外部顾问或者中立的监察员可以帮上忙?

置身核心问题之外的个人也可以在家族对立方之间进行斡旋。

我们知道有些家族双方阵营的成员的诉求其实是一样的，但是因为软性问题长期存在，利益诉求的表述受限。聚焦于双方的利益诉求而不是立场[3]，是另外一个化解冲突的实用策略，但是有时候需要求助外援来确认利益诉求的内容。

如果目前你的家族企业运转良好，那么你怎样利用这些信息来防止冲突发生呢？本杰明·富兰克林（Benjamin Franklin）的箴言——"预防为主，治疗为辅"真乃金玉良言。软性、硬性或者商业问题将不可避免地出现，而加深家族内互相尊重、积极开放的沟通、构建心理安全感、心怀感恩和赔礼道歉的文化会在未来带来可观的"红利"。在危机爆发之前，家族就应该交代清楚软性规则和关于所有权、任职和领导层选举的硬性规则。与此同时，对自家企业能够吸引的非家族成员的人才的类型应该持有正确的预期，并且要保证企业内家族成员担任职务的透明度。即使现在没有冲突的压力，还是有很多事情要做。

毫无疑问，努力化解冲突和阻止新的冲突出现是对耐心的考验。改变家族规则和家族成员的态度、在家族企业内推行新的做法都需要时间。在共同经营家族企业的同时，让家族成员和睦相处，是你对时间和精力的宝贵投资。当然，为了保持家族和谐和企业价值，拆分家族企业也不失为避免破坏性冲突的良方。

让我们用心对话，而不是用脑子算计。鲁米（Rumi）说："如果身处黑暗，仔细观察，也许你就是那道光。"

注释

1 See: Fisher, Roger, William L. Ury, and Bruce Patton. Getting to Yes: Negotiating Agreement Without Giving In. 3rd Revised ed. edition. New York: Penguin Publishing Group, 2011 and Shonk, Katie. "Manage Family Conflict When Business Negotiations Go Bad." *Program on Negotiation at Harvard Law School* (blog), September 4, 2017. https://www.pon.harvard.edu/daily/conflict-resolution/manage-family-conflict-business-negotiations-go-bad/.

2 同上。

3 同上。

致谢

我们在此感谢BCG的各位同仁和朋友们，本书是大家齐心协力的结晶。

我们要鸣谢BCG亨德森智库的代表们，他们的工作为本书的素材积累打下了基础。瓦伦·戈文达拉扬（Varun Govindaraj）参与写作了BCG的焦点文章《好的家族企业需要好的治理》，以及七篇涉及家族企业方方面面的报纸文章。另外，瓦伦提供了分析框架，帮助我们理解不同地区市场上各类家族企业的差异。苏拉夫·莫汉蒂（Saurav Mohanty）与人合写了第二篇焦点文章《家族企业的软性规则》，以及两篇报纸文章。他还参与了本书写作的前期工作，在新冠肺炎疫情期间也积极适应居家办公，保持工作状态。

我们对贡献一手信息的家族企业成员感激不尽。由于在过去六年与众多家族企业打交道的经历，我们对家族企业产生了浓厚的兴趣,进而促成了本书的诞生。随着我们与各大家族的关系更加密切,我们开始进一步思考对拥有企业的家族来说,哪些情况和挑战是特有的。我们要特别感谢从一开始就给予本书极大鼓励的两个人:法哈德·福布斯和阿杰伊·施里拉姆,感谢他们邀请我们参与家族企业协会会议和所付出的时间。

我们和太多人进行了卓有成效的对话,很难列出所有影响了我们思想的人。首先,我们要特别鸣谢以下家族企业负责人(按照原名首字母顺序):阿尼尔·阿加瓦尔(Anil Agarwal)、拉胡尔·巴贾吉、哈里·布哈提塔(Hari Bhartia)、纳谢德·福布斯(Naushad Forbes)、贾姆希德·戈德瑞吉、维贾伊·戈埃尔(Vijay Goel)、哈什·戈恩卡、阿尔温德·古普塔(Arvind Gupta)、黄志胜(Victor Hartono)、威廉·海内克(William Heinecke)、萨米尔·贾恩(Samir Jain)、萨简·金达尔和桑吉塔·金达尔(Sajjan and Sangeeta Jindal)、尼莫斯·坎帕尼、桑杰·基洛斯卡(Sanjay Kirloskar)、赫门德拉·科塔里、乌代·科塔克、阿洛克·洛希亚和苏奇特拉·洛希亚(Aloke and Suchitra Lohia)、塞利斯·梅塔(Sailesh Mehta)、苏尼尔·芒贾尔、M.M. 穆鲁卡班、拉汗·那瓦尼(Rajan Navani)、默赫·普顿吉和菲罗兹·普顿吉(Meher and Pheroz Pudumjee)、G.M. 拉奥(G.M. Rao)、奈尔·拉赫贾(Neel Raheja)、尼基尔·索尼(Nikhil Sawhney)、西里尔·什罗夫(Cyril Shroff)、桑迪普·辛格(Sandeep Singh)、韦努·斯里尼瓦桑(Venu Srinivasan)、A. 维拉严和 S. 维拉严(A. Vellayan and S. Vellayan)。另外,在维哈尔·皮蒂(Vaibhav Pittie)、迪万·班达里（Deven Bhandari）等人创立的家族企业协会（位于乌代浦）和创业型组织（位于普纳）的会议上，许多家族企业负责人提供了宝贵的意见。

在和众多非家族成员的企业高管的交流过程中，我们也学到了很多他们对与家族企业合作的看法，他们是（按照原名首字母顺序）：乔蒂·库玛·阿加瓦尔（Jyoti Kumar Agarwal）、阿凡坦·博基尔（Avartan Bokil）、里沙布·高尔杉（Rishabh Gulshan）、桑特普特·米斯拉（Santrupt Mishra）、加内什·莫汉(Ganesh Mohan)、萨勤·南贡卡（Sachin Nandgaonkar）、阿米特·萨奇杰夫（Amit Sachdev）、泽维尔·塞巴斯蒂安（Xavier Sebastian）、孙逸杰（Ajay Srinivasan）、阿文德·萨布拉马尼安（Arvind Subramanian）以及艾迪·坦伯罗（Eddy Tamboto）。

如果没有BCG同事们的鼎力支持，本书是不可能完成的。BCG亨德森智库的范史华（François Candelon）和马丁·里维斯（Martin Reeves）帮助我们挑战自己的思维模式，也为本书的奖学金项目提供了支持。我们也受惠于在家族企业领域德高望重的导师们，他们是：汉斯-保罗·博克纳（Hans-Paul Bürkner）、维克拉姆·巴拉（Vikram Bhalla）、阿林丹·巴哈塔查杰（Arindam Bhattacharya）、尼古拉斯·卡香内（Nicholas Kachaner）和安德烈亚斯·穆勒（Andreas Maurer）。我们要感谢莎伦·马西尔（Sharon Marcil）和李瑞麒（Rich Lesser）在公司内部提供了制度性的支持。以下人员也为家族企业话题的思考和本书的写作提供了帮助（按照原名首字母顺序）：安屹杰（Neeraj

Aggarwal）、马科斯·阿吉亚尔（Marcos Aguiar）、阿比纳夫·班萨尔（Abhinav Bansal）、豪尔赫·贝塞拉（Jorge Becerra）、詹妮弗·布拉顿（Jennifer Bratton）、陈庆麟（Ted Chan）、卡米尔·埃格洛夫（Camille Egloff）、本杰明·芬格尔（Benjamin Fingerle）、阿米特·甘地（Amit Gandhi）、路易斯·格拉维托（Luis Gravito）、迪特尔·霍伊斯克尔（Dieter Heuskel）、赫苏斯·德·胡安（Jesús de Juan）、迪内希·康纳（Dinesh Khanna）、海诺·米尔凯特（Heino Meerkatt）、普拉纳·默罗特拉（Pranay Mehrotra）、克里斯汀·奥格迈斯特（Christian Orglmeister）、安东尼·欧迪健（Anthony Oundijian）、乌尔里希·皮敦（Ulrich Pidun）、法布里斯·罗热（Fabrice Roghé）、阿克塞尔·鲁斯（Axel Roos）、乌尔里克·桑德斯（Ulrik Sanders）、欧内斯特·绍贾娜（Ernest Saudjana）、苏雷什·须菩提（Suresh Subudhi）、布拉克·坦桑（Burak Tansan）、迪恩·童（Dean Tong）、阿南德·维拉格万（Anand Veeraghavan）、V. 威坪（V. Vipin）、贝恩德·沃尔特曼（Bernd Waltermann）和大卫·杨（David Young）。毫无疑问，BCG 大家庭中还有很多同事也为对家族企业的理解添砖加瓦。我们谢谢他们的见微知著，也请原谅我们无意中遗漏的姓名。

我们同样感谢所著文章的出版商，特别是《印度斯坦时报》（Hindustan Times）的编辑苏库马尔·兰加纳坦（Sukumar Ranganathan），是他认同了家族企业在经济发展中的作用，并支持了关于该话题的写作。我们谢谢所有给我们的出版物提出建设性意见的家族企业成员、非家族成员的高管和同事们,是他们督促我们提高思维的敏锐度。我们也感激各位亲朋好友在写作期间的支持和陪伴。

阿曼达·威克曼(Amanda Wikman)在亨德森智库奖学金和在本书出版方面,提供了源源不断的行政支持,我们对此感激不尽。

方法论说明：前言中家族企业的分析

但凡尝试做家族企业量化研究的人都清楚，就连最基本的家族企业分类都会带来很多挑战。与前人研究一样，复杂的家族企业所有权使我们的研究难上加难：通常是信托基金或者家族控制的企业持有旗下公司的股票，而不是独立的家族成员。为了帮助未来的研究者，我们在前言简单提到了分析过程中的分类方法论。

除非另外说明，前言中的所有分析都是基于2019年（新冠肺炎疫情之前）各国营收500强的家族企业数据。我们挑选的国家包括亚太地区顶尖的经济体，并且以按照GDP计算的全球最大经济体为参照。如此分析的目的是为与亚太经济做比较提供基点，而不是分析全球的家族企业。

我们把家族企业归类的基本标准定为股权，20%或者更多股权由家族（比如信托基金）拥有或者掌控的企业归类为"家族企业"。此标准不要求家族积极参与企业的管理（正如第四章所述，家族可以是"所有者即管理者"、"积极投资者"或者"被动投资者")。例如,塔塔家族控制的信托掌控了多数股权,那么塔塔集团就是家族企业。[1] 所有权的数据全部来自公共开放信息,包括标普全球(S&P)的 CapitalIQ 数据库,以及用本土语言写的地区或者当地的财经期刊[比如《商业标准报》(Business Standard)、《商业战略与环境》(BSE)]和新闻文章。我们没有从客户方面直接获得任何数据。

有时候,家族所有权情况特别复杂或者家族控股离 20% 还差几个百分点,但是业内普遍认为它是家族企业的,我们就将其归类为"家族企业";有些企业自认为是家族集团的一部分,但是并没有持有 20% 或者更多的股权,基于其在金字塔所有权结构中对企业的巨大影响力,我们也认定其为家族企业;有些企业不隶属于家族集团,持有股权不到 20%,我们就没有将其认定为家族企业。考虑到确定家族成员和家族控制的持股信托的困难性,我们允许所有权 2% 的误差。对于那些本身是其他公司的全资子公司的企业,我们用母公司的股权情况来确认其家族企业身份;当家族通过多数投票权而不是资本所有权来实现所有权的控制,我们认定该企业为家族企业;有时候,我们无法获得某些私企的持股信息,如果该企业自认为是家族企业,那么我们也认定其为家族企业。我们必须承认该分类不够严谨,容易出错。但是,在将调查结果和与各大家族的对话、当地媒体对家族企业的报道以及国际数据库[2] 进行对比之后,我们有信心认为调查结果的大方向是没错的。当然,所有可能的错误都是由我们造成的。

注释

1. 如果将荣膺营收前500名的塔塔家族企业从家族企业的类别中剔除出去,那么家族企业会少20家,家族企业500强的营收将下降8%,家族企业对制造业收入的贡献将下降10%,而家族企业的员工数量将锐减约60万。

2. See Family Capital. "The World's Top 750 Family Businesses Ranking." Family Capital. Accessed June 28, 2021. https://www.famcap.com/the-worlds-750-biggest-family-businesses/.